改訂版
保育ソーシャルワークの世界

——理論と実践——

日本保育ソーシャルワーク学会 編

晃 洋 書 房

はしがき
―― 保育とソーシャルワークの統一をめざして ――

　近年、社会構造・地域コミュニティの変貌や個人のライフスタイルの多様化等子どもと家庭を取り巻く環境の変化のなかで、子どもの育ちの変容や家庭の子育て力の低下が指摘されている。すなわち、前者については、基本的な生活習慣の欠如や食生活の乱れ、自制心や規範意識の未形成、運動能力の低下、コミュニケーション能力の不足、小学校生活にうまく適応できていないなどの問題が指摘されている。また、後者については、子どもの育ちに対する理解の不足や子育ての弧立化の深まりから、過保護や過干渉、育児不安、児童虐待、乳幼児の遺棄など、子どもとの関係構築に関する問題が指摘されている。

　こうした状況のなかで、保育所・幼稚園・認定こども園等保育施設においては、子ども・子育て問題の多様化・複雑化に対応するため、期待される役割・機能が拡大してきている。すなわち、保育者には、入所（園）している子どもの保育のみならず、その保護者に対し、就労状況や子どもとの関係等を踏まえた適切な支援、さらには、地域の子どもやその保護者に対する子育て支援（以下、子育て支援と略）を担う役割が一層高まっている。また、保育施設には、それぞれの特性を生かしながら、保護者に対する保育に関する指導や子育て等に対する相談・助言、情報提供、関係機関・関係者との連携等におけるソーシャルワーク機能を発揮することが求められている。

　本書は、保育及びソーシャルワークの領域においてますます必要性が増しつつある「保育ソーシャルワーク」の世界について、理論と実践の両面から、その現状と問題点、課題を明らかにしようとするものである。

　保育学界及びソーシャルワーク学界において、子育て支援を保育施設・保育者の新たな役割・機能として位置づける保育ソーシャルワーク論が展開され始めたのは1990年代後半以降になってからのことである。特に子育て支援の中心に保育所が位置づけられ、保育士資格が法定化される2001年前後から、子育て支援（ないし、家庭との連携・協働）、さらには保育実践へのソーシャルワークの導入の必要性が唱えられるようになり、保育ソーシャルワークをテーマとする研究や実践も徐々に現れるようになっている。しかしながら、保育ソーシャルワークの世界について、理論的かつ実践的な視点から、トータルに検討したも

のはほとんどないのが現状である。

　本書は、2013年11月30日、「保育ソーシャルワークのさらなる発展を期して、保育ソーシャルワークに関する研究及び交流を積極的に図り、もって、子どもと家庭の幸福の実現に資することをめざす」（「学会設立趣意書」より）という目的のもと、保育ソーシャルワークの専門学会として創立された「日本保育ソーシャルワーク学会」の設立記念出版として企画されたものであり、同分野の第一人者や学界の今後を担う新進気鋭が多数集まって、その最前線に果敢にアプローチしようとしている。

　保育ソーシャルワークを研究し実践する、あるいは関心のある者たちが自主的・主体的に設立した全国学会であるが、まだ、春の息吹を感じて土の中から顔を出したばかりの二葉のような存在である。しかしながら、明日には大樹になろうとする意気込みのもと、否、小さな草本でもしっかりと大地に根を張って、という思いのもと、今後、5年、10年、20年……、と少しずつ成長、発達していきたい、と考えている。

　これからへの思いばかりが先走っている感もなくはないが、本書が、保育・幼児教育・社会福祉・ソーシャルワーク等関係者にとって、保育ソーシャルワークの必要性と重要性を学びとり、新たな研究と実践の素材、ヒントともしていただけるなら、学会の望外の喜びとするところである。

　最後になったが、厳しい出版事情のなかで、学会への支援とともに、本書の出版を快諾された晃洋書房の川東義武代表取締役、編集でお世話になった丸井清泰氏、校正でお手数をおかけした山本博子氏に、心からお礼を申し上げたい。

　2014年8月29日
　　　　　　　　記念すべき第1回研究大会（熊本大会）を前に、
　　　　　　　　大学研究棟から阿蘇の雄大な景色を眺めつつ
　　　　　　　　　　　　　　　　　会長　伊 藤 良 高

改訂版にあたって

　本書の発行（2014年11月）以降、「保育ソーシャルワーク」をテーマとした学術研究書であるが、日本保育ソーシャルワーク学会の叡智を結集して作成した日本初の「保育ソーシャルワーク」の理論と実践に関する総合的な書籍であったことから、一定の評価を得て今日に至っていることは、学会として望外の喜びとするところである。

　その後、子どもと家庭、地域あるいは保育・幼児教育とソーシャルワークをめぐる状況も種々変化してきていることから、旧版に見られたいくつかの誤植を訂正するとともに、以降の最新の理論と実践の動向をできる限り反映させて、改訂版を発行することにした。これまで以上に、本書が、保育・幼児教育、ソーシャルワーク関係者や保育士・幼稚園教諭、社会福祉士・精神保健福祉士を養成する大学・短大・専門学校等で学ぶ学生・院生、さらには、保育ソーシャルワークに関心を持つ一般市民などに広く活用されていくことを願ってやまない。

　改訂版発行にあたって、編集部の丸井清泰氏、石風呂春香氏に多大なるご尽力を賜った。深く感謝したい。

　　　2018年6月23日

　　　　　　　　　　　　　　　　　　　　　　　　会長　　伊　藤　良　高

目　次

はしがき
　　──保育とソーシャルワークの統一をめざして──

改訂版にあたって

第1章　保育ソーシャルワーク研究の動向と課題 …………………… *1*
　はじめに　(*1*)
　1　保育ソーシャルワークに関する研究動向　(*1*)
　2　保育ソーシャルワークの実践研究　(*3*)
　　(1) 保育ソーシャルワークの論点
　　(2) 子どもと保護者の生活全体性をとらえる視点
　　(3) 地域連携による子どもと家庭への支援
　3　保育ソーシャルワークの展望　(*6*)
　　(1) 本来の保育機能を活かしたソーシャルワーク
　　(2) 養成課程における保育ソーシャルワーク教育
　おわりに　(*8*)

第2章　保育ソーシャルワークにおける価値と倫理 ………………… *11*
　はじめに　(*11*)
　1　専門職の価値と倫理　(*11*)
　2　ソーシャルワークおよび保育領域における価値と倫理　(*12*)
　　(1) ソーシャルワークおよび保育領域における価値
　　(2) ソーシャルワークおよび保育領域における倫理
　3　倫理的ジレンマ　(*15*)
　　　　──事例を通しての倫理的ジレンマの対応──
　　(1) 倫理的ジレンマを含んだ事例の概要
　　(2) 葛藤している倫理責任を特定する

（3）関係者全員が満足する問題解決の方法を考える
　　　（4）倫理綱領で指針となるものを探す
　　　（5）可能性のある選択肢を評価し、行動指針を決定する
　　　（6）実行し、評価する
　　お わ り に　*(19)*
　　　──今後の課題──

第3章　保育制度・経営論としての保育ソーシャルワーク ……… *21*
　　は じ め に　*(21)*
　　1　保育制度・経営改革の動向と問題点　*(22)*
　　2　保育ソーシャルワークとしての保育制度論　*(25)*
　　3　保育ソーシャルワークとしての保育経営論　*(28)*
　　お わ り に　*(31)*

第4章　保育所におけるリスクマネジメントと
　　　　　保育ソーシャルワーク ……………………………………… *33*
　　は じ め に　*(33)*
　　1　リスクの定義づけ　*(33)*
　　　（1）保育所におけるリスクとは
　　　（2）リスクマネジメントについて
　　2　安全と安心を提供できる園づくり　*(35)*
　　　（1）導入目的の確認
　　　（2）人はミスを侵してしまう存在である
　　　（3）報告をあげる、報告書（事故報告書、ヒヤリ・ハット報告書）の提出
　　　（4）システム作りと実働（データの収集と分析）
　　　（5）優先順位をつける
　　　（6）PDCAサイクルによる改善の進め方
　　　（7）職員の意識化
　　3　事故発生後の対応　*(41)*
　　　（1）事故後の対応策
　　　（2）苦情解決
　　4　リスクマネジメントとソーシャルワーク　*(42)*

第5章　子育て支援における保育ソーシャルワーク …………… 44
　はじめに　(44)
　1　ケースワーク　(45)
　　（1）共　感
　　（2）暖かさ
　　（3）純粋さ
　　（4）挨　拶
　　（5）面接時間
　　（6）何から聞くか
　　（7）傾　聴
　　（8）感情の発見と反射
　　（9）沈黙の尊重
　　（10）転移と逆転移
　2　グループワーク　(48)
　3　コミュニティーワーク　(49)
　　（1）地域ネットワークづくりの目的を明確にする
　　（2）行政の指針を把握しておくこと
　4　子育て支援における保育ソーシャルワークの実践　(50)
　　　　　——高崎健康福祉大学子ども・家族支援センターの活動——
　5　子育て支援のカリキュラムの体系化　(52)
　　（1）保育士養成カリキュラムの現状
　　（2）保育士養成と課題
　　（3）実習における配慮

第6章　保育者と家庭・地域との連携に関する
　　　　　保育ソーシャルワーク ………………………………… 56
　はじめに　(56)
　1　保育者と家庭・地域との連携　(56)
　　　　　——ソーシャルワークの視点から——
　　（1）家庭・地域と保育の関係性
　　（2）家庭・地域の連携をうながす保育ソーシャルワーク
　　（3）認定こども園の時代の家庭・地域との連携を図る保育ソーシャルワーク

2　家庭、園、地域が主体となる保育ソーシャルワーク　　(59)
    （1）家庭・地域の主体的教育機能
    （2）保護者の自己実現を支えるソーシャルワーク
    （3）保育者の自己実現につながるソーシャルワーク
   3　家庭・地域の連携の保育ソーシャルワークの実践にむけて　　(61)
    （1）保育の独自性・重要性についての発信
    （2）子どもの最善の利益の確保
           ──子どもの人権への意識化・啓発──
   お わ り に　　(64)
           ──保育専門職としての誇り──

第7章　保育ソーシャルワークにおける面接技術　　66
   は じ め に　　(66)
   1　保育ソーシャルワークにおける相談支援の構造　　(66)
    （1）「相談する」という行動の強さ
    （2）問題を解決するのは保護者自身である
   2　相手を受容する環境設定と支援者の姿勢　　(68)
    （1）相談面接のはじまり
    （2）共感的理解をすすめる支援者の態度としての基本原則
   3　相談面接のスキルとしてのコミュニケーション　　(71)
    （1）相談面接におけるコミュニケーション
    （2）傾聴と質問の技法
    （3）沈黙を尊重する
   4　保育ソーシャルワークの支援過程における面接技術　　(74)
    （1）これまでの問題に対する対処行動への着目
    （2）育児場面を語ることからの「気づき」と動機づけ
    （3）課題をつくり変え、次なる一歩を踏み出す
   お わ り に　　(77)

第8章　保育実践と保育ソーシャルワーク　　79
   は じ め に　　(79)
   1　幼稚園・保育所の役割と保育ソーシャルワーク　　(79)

2　保育実践と家庭、社会　(81)
　　3　学校現場における教育実践と社会　(83)
　　4　保育実践と福祉マインド　(84)
　おわりに　(86)

第9章　障がいのある子どもの支援としての保育ソーシャルワーク……88
　はじめに　(88)
　　1　障がい児保育の歴史的変遷と現状　(89)
　　2　インクルーシブ保育と保育ソーシャルワーク　(90)
　　3　保育施設における障がい児保育のソーシャルワーク実践（支援のプロセスなど）の試み　(92)
　　4　障がい児保育における保育ソーシャルワーク実践の留意点及び課題　(94)
　おわりに　(96)

第10章　保育スーパービジョンの実際……99
　　　　　──理論と動向──
　はじめに　(99)
　　1　スーパービジョンの萌芽と日本におけるスーパービジョンの展開　(100)
　　2　保育ソーシャルワークの動向　(102)
　　3　保育スーパービジョンをめぐる論点　(105)
　おわりに　(107)

第11章　保育者養成におけるソーシャルワーク教育……109
　はじめに　(109)
　　1　社会福祉専門職におけるソーシャルワーク教育　(110)
　　　（1）ソーシャルワーク教育のめざすところ
　　　（2）各職種におけるソーシャルワーク教育の比較
　　　（3）介護福祉士との比較
　　2　保育士とソーシャルワーク　(112)

（1）保育士がソーシャルワークを行う根拠
　　（2）現　状
　　（3）制度が想定していないニーズと保育士が関わる範囲のミスマッチ
　3　保育士養成教育とソーシャルワーク　(114)
　　（1）保育士養成課程におけるソーシャルワーク教育の変遷
　　（2）現　状
　　（3）"ゴール"が設定できないソーシャルワーク教育
　　（4）"現場"を持たないソーシャルワーク教育
　4　ソーシャルワーク教育における課題と展望　(116)
　　（1）制度における明確なソーシャルワークの位置づけ
　　（2）外部専門職導入の検討
　おわりに　(118)

第12章　保育ソーシャルワーカー養成の構想と課題　121

　はじめに　(121)
　1　保育ソーシャルワークと保育ソーシャルワーカー　(122)
　2　保育ソーシャルワーカー養成をめぐる議論　(124)
　　　　　──論点と内容──
　3　保育ソーシャルワーカー養成の構想とその制度設計　(127)
　　　　　──近接類似職との比較を通して──
　おわりに　(129)
　　　　　──当面する課題──

第13章　子どもの貧困と保育ソーシャルワーク　133

　はじめに　(133)
　1　「子どもの貧困」とは何か　(133)
　　（1）「子どもの貧困」をどう理解するのか
　　（2）貧困下におかれた親子を理解するために
　　（3）解決策としての現行制度の現状とその改善課題
　　（4）貧困は見ようとしないと見えない
　2　「子どもの貧困」の実際　(136)
　　　　　──事例検討──

（1）事例1　若年母子世帯
　　　（2）事例2　母親の疾病や子どもの不登校をかかえる母子世帯
　　　（3）事例3　両親ともに障害をかかえる生活保護世帯
　　3　「子どもの貧困」を克服する保育ソーシャルワークの視点　(141)
　　お わ り に　(143)

第14章　保育カウンセリングと保育ソーシャルワーク …………… 145
　　は じ め に　(145)
　　1　「保育ソーシャルワーク」と「保育カウンセリング」の関係　(145)
　　2　保育現場の待遇面の現状　(147)
　　3　保育現場におけるカウンセラーの導入　(149)
　　4　保育カウンセリングとスキルアップ　(151)
　　お わ り に　(152)

❚コラム1❚　保育園長から見た保育ソーシャルワーク　(155)
　　　　　　──温かな風を吹かせる、地域のオアシスとしての保育園──
❚コラム2❚　保育士のソーシャルワーク意識　(158)
❚コラム3❚　保育者の専門性と保育ソーシャルワーク　(161)
❚コラム4❚　幼児期の教育と保育ソーシャルワーク　(164)
❚コラム5❚　スクールソーシャルワーカーと
　　　　　　保育ソーシャルワーカー　(167)
❚コラム6❚　ひとり親家庭支援としての保育ソーシャルワーク　(171)
❚コラム7❚　児童虐待と保育ソーシャルワーク　(175)
❚コラム8❚　社会福祉の視点からの保育ソーシャルワーク　(179)
❚コラム9❚　社会的養護と保育ソーシャルワーク　(183)

索　　引　(187)

第 1 章
保育ソーシャルワーク研究の動向と課題

はじめに

　子どもと家庭を取り巻く環境の変化に伴い、地域に育つ子どもの成長発達を促進するための多様な支援が創出されてきている。近年の子育て支援の潮流のもと、保育所は子どもを育む1つの専門的機関として、入所している子どもだけではなく、その保護者および地域の子育て家庭への支援を担う社会資源として位置づけられた。それらの役割を果たすため、子どもへの支援のみならず、子育て家庭の抱える多様なニーズに関する支援技術、すなわちソーシャルワーク視点やそのスキルが必要とされるようになってきている。このような動向において、保育とソーシャルワークをテーマにした先行研究は2000年頃から発表され始めた。

　本章では、日本における保育ソーシャルワークの潮流を明確にするため、近年の保育ソーシャルワークに関する研究動向を概観し、その課題について考察する。

1　保育ソーシャルワークに関する研究動向

　保育実践におけるソーシャルワークの必要性を説明する上で、近年の「家族や地域の変化」とそれに伴う親や地域の「養育力低下」は、共通のキーワードとして挙げることができる。子育ちと子育て環境に対する論議が活発化する中で、1997年の児童福祉法改正時には、保育所に相談・助言機能が組み込まれた。続く2001年改正では保育士は「専門的知識及び技術をもって、児童の保育及び児童の保護者に対する保育に関する指導を行うことを業とする者」と定義され、国家資格化される等、保育所は地域の子育て支援拠点として、また保育士

表1-1 保育ソーシャルワークに関する論文発表年

(件)

2000	2001	2002	2003	2004	2005	2006	2007	2008	2009	2010	2011	2012	2013
1	1	1	0	2	6	3	6	6	5	6	6	7	3

はそれを担う専門職として位置づけられることとなった。これらの動向に伴い、学際的領域においても、保育ソーシャルワークの追究は理論と実践の両側面からアプローチがなされ始めている。

　国立情報学研究所の学術情報ナビゲータ CiNii を用いた、保育ソーシャルワークに関する論文発表年および件数に関するデータベースの検索結果を**表1-1**に整理した。発表された論文タイトルに使われているキーワードは、「保育士」「保育ソーシャルワーク」が多く、「保育所」「子育て支援」と続き、保育所の保育士を対象としながら、「ソーシャルワーク」を論じた研究が多い。また、発表論文のレビューからは、その内容として、主に①保育ソーシャルワークが求められるようになった背景、②保育現場においてソーシャルワークを担うことに伴う課題、③具体的なソーシャルワーク支援を保育所ないし保育士が実践するための方法論、④養成課程におけるソーシャルワーク教育の必要性等に関するもの等がある。

　これら保育ソーシャルワークに関する先行研究の大部分は「保育所」を基盤に、あるいは主たる担い手を「保育士」と位置づけた上でソーシャルワークを論考する傾向にある。また保育所ではなく、地域子育て支援拠点事業におけるセンター型の実践をソーシャルワークに関連付けた研究も発表されている[1)2)]。これらは、子育て拠点として期待されるセンターにおける、地域を対象としたソーシャルワーク実践の現状と課題について明らかにしたものである。他にも、必ずしも保育士がその担い手として見なされているわけではないが、児童養護施設等の児童福祉施設におけるソーシャルワークに関する研究[3)]についても、保育ソーシャルワークの近接領域としてとらえることができるかもしれない。

　保育領域におけるソーシャルワークの導入の根底には、子どもだけではなく、その保護者を、さらに契約や措置による利用者以外の子育て家庭への支援をふくめた対象者の広がりに伴う支援技術の拡大が存在する。このことは、広く言えば子どもへの日常的な発達支援に関する営みを中心とした「ケアワーク」から、子どもの生活全体を視野に入れた支援としての「ソーシャルワーク」が

必要とされてきたことを意味するものと考えられる。施設等の目的や協働する他の専門職種に違いがあるため、一概に比較することはできないが、保育者による「ケアワーク」機能に比し、また上乗せする形で「ソーシャルワーク」が取り上げられている部分はいくつかの先行研究に共通している。ただ、ケアワークとソーシャルワークの明確な相違点や、関係性については一致した見解はなく、両者は連続性をもって捉える事ができるという側面も示唆されている[4]。

　以上、先行研究からは保育におけるソーシャルワークの意義、実践や理論構築の必要性を理解することができる。しかし、保育とソーシャルワークを関連させた先行研究はその主たる担い手、対象、実践の場、保育士の位置づけ、ソーシャルワーク機能などについて一貫性があるわけではなく、保育実践における「ソーシャルワークの必要性」を根拠に、多方向から論じられていると言える。すなわち、「保育ソーシャルワークとは何か」といった問いに明確な答えは未だ示されておらず、「ソーシャルワーク論の保育への単なる適用ではなく、保育の原理や固有性を踏まえた独自の理論、実践」を構築することが目指されている段階であると考えられる[5]。新たな支援の枠組みの必要性から従来の保育の専門性に上乗せをするという認識だけではなく、「保育ソーシャルワーク」として構築する上で、これまでの実践を捉えなおし、丁寧にそれらを意味づけていく作業が必要とされている。

2　保育ソーシャルワークの実践研究

　保育にソーシャルワーク機能が求められているとするならば、この機能を保育現場において「保育ソーシャルワーク」という独自性をもたせ、いかに展開させていくべきかを問うことが課題となる。以下では、これまで発表されている研究から、子どもとその家族への保育実践におけるソーシャルワーク視点や方法論を検討した研究について、保育所における保育ソーシャルワーク研究を中心に概観する。

（1）保育ソーシャルワークの論点

　土田美世子は、保育所におけるソーシャルワークについて1991～2003年までに提出された論者の見解をまとめている[6]。それらの論点の違いは「ケアワークをソーシャルワークの一部として捉えるか、別の専門性として捉えるか」、

また「現状の保育士の職務から専門性を抽出するか、(現状では実施できていなくとも)保育士の本来実施するべき職務から専門性を構築するか」の二点であるとし、さらに、論者らはケアワークに加えソーシャルワークの援助技術が必要であることは認めつつも、「ソーシャルワーク」と呼び得るものか、また誰がソーシャルワークを担うかについては見解が一致していないことを指摘している。
　保育ソーシャルワークについては、誰がどこで、またどのような専門性をもとに展開していくかについて、その議論の方向性が定まっていない。伊藤良高らが指摘するように、① 保育ソーシャルワークの概念を明確にしていくこと、② 保育ソーシャルワークが対象とする領域について整理していくこと、③ ソーシャルワークを担う主体、場所、対象を設定することは保育ソーシャルワーク研究の課題として追究が必要な点である[7]。このように、保育ソーシャルワークの枠組みについては議論途上であり、今後の重要な論点であると言える。

(2) 子どもと保護者の生活全体性をとらえる視点

　2008年の保育所保育指針改定の際に、「保護者への支援」は保育士による重要な支援として位置づけられた。伊藤利恵らは、この保育所保育指針に基づく「保護者に対する支援」に焦点化し、強化すべき課題を検討している[8]。保育所が行う家族支援の実態調査からは、保育士が子どもや保護者との日常のコミュニケーションを通して「家庭と保育所の生活の連続性や信頼関係の構築性を重視していることが確認できた」とし、保育所に入所している子どもと保護者に対する支援の視点が明確であったことを明らかにしている。その一方で、アセスメントに基づき支援計画を立案することや、必要に応じて他機関と連携するための「調整機能」「運営・管理機能」について課題が残ることを指摘している。
　子どもと保護者へのアセスメントを通し、対象者の支援課題を読み取るという一連のプロセスは、ソーシャルワークにおいて必須である。今堀美樹は、子どもと親とのコミュニケーション時において「観察」が重要であるとし、特にアセスメントには子どもと家族の「生活の全体性」を理解することの意義が含まれると説明する[9]。さらに、保育所が地域に存在する施設や機関等の社会資源と協働で子育てを担うための、はたらきかけの必要性を述べている。このような今堀の見解は、保育の専門性を基盤に子どもや保護者、地域との連携のあり方をソーシャルワーク視点から再考する立場にあると理解できる。
　鶴宏史は保育所保育にソーシャルワークを組み込むモデルとして、解決志向

型の家族ソーシャルワークおよび行動ソーシャルワークを統合した実践モデルを提示している[10]。ソーシャルワークでは理論に基づいた実践モデルやアプローチが多様な事例で用いられており、それを保育実践に導入するというものである。このようなモデルは、通常保育士が観察を通して理解している子どもと保護者の状況を、理論的にとらえなおすフレームとして活用が可能であると考えられる。

また土田は、目の前の子どもにのみ焦点化されず、子どもや家族を取り巻く環境という視点からとらえ、実践する枠組みとしてエコロジカル・パースペクティブの有効性を提示する[11]。子どもは家庭、保育所をはじめ様々な生活環境を有しており、それぞれが紡ぎ出す複雑かつ多面的な関係性、生活の連続性等を踏まえ、子どもを理解する視点が必要とされる。土田はこのエコロジカル・パースペクティブに基づく保育実践事例の分析を通し、ケアワークやソーシャルワーク等の機能について、子どもへの支援、子どもと親の関係性への支援、親支援を「保育技術」に、また専門職との連携、コミュニティへの介入は「ソーシャルワーク」機能として位置づけている。

以上を概観すると、保育ソーシャルワークを実践していく上で、共通の視点として理解できることは、子どもや保護者の生活全体をエコロジカルにとらえ、理解を深めるためのスキルを保育者が修得することの必要性である。それは普段の保育においての子どもや保護者の丁寧な観察やコミュニケーションを通したアセスメントの方法であるとも言える。また、上述した既存のソーシャルワーク理論のモデルやアプローチを保育実践に応用することもできると考えられる。今後は、保育ソーシャルワークの必要性が論じられるだけではなく、現場実践で活用ないし応用できる手段の検討、開発が必要とされる。目の前の子どもに焦点化されず、子どもと保護者の「生活」そのものに着目し、「環境の中の子ども」として多角的にとらえるまなざしを向けるためには、現場実践に携わる保育者のアセスメント力の向上が不可欠であろう。

（3）地域連携による子どもと家庭への支援

保育ソーシャルワークに関連する文献において指摘される課題の1つとして「連携」がある。保育者による支援対象は子ども、家庭、さらに地域へと拡大しており、状況によっては地域の関係機関の専門性の活用や恒常的なネットワーク構築が必要とされる。地域の社会資源との連携は、保育所が地域子育て

支援を担う上でこれまで以上に求められてきていると言える。石田慎二らによる保育士を対象とした調査からは、フォーマルな社会資源との連携の必要性は高く意識されているものの、インフォーマルな社会資源については相対的に低かったこと、また自由記述からは連携の大切さを示す意見がある一方で、「連携の困難さ」「市町村との関係」「地域啓発」「地域人々の協力」が課題として挙げられている[12]。

また、保育所を中心に、配慮を要する子どもや保護者への支援をめぐる地域連携の実際について検討した研究では、障害のある子どもや気になる子どもと称される子どもへの保育上の問題について、外部機関の専門職による巡回相談という形態で支援の関係性が構築されていることを明らかにしている。同時に、地域ネットワークにおける保育所の位置づけは未だ明確ではなく、保育所が外部資源に「つながる」しくみを創出することが保育実践上の課題であるとも指摘される[13]。

近年の子どもの育ちや子育ての現状を踏まえると、保育ソーシャルワーク実践において、地域の様々な社会資源との連携はますます必要とされることが予測される。現実には子どもや保護者の行動が気になったとしても、それらが保育所内の管理職クラスの力量に委ねられる等、内部資源で完結されてしまい、外部機関との連携につながらない実態もあるようである。連携の仕組みの創出は、連携が必要なケースについて、誰が、どこで、どのようにコーディネートしていくかということに直結する課題であるといえる。このことは、子ども、家庭、地域の連携・協働、または資源の開発などを担う中心的な役割を担う人材の所在が問われることでもあり、保育ソーシャルワークの方向性に関わる問題として置き換えることもできよう。

3　保育ソーシャルワークの展望

（1）本来の保育機能を活かしたソーシャルワーク

先行研究からは、これからの保育は入所児だけではなく、保護者に対する支援、地域の子どもや保護者に対する支援を視野に入れ、保育指導、子育てに関する相談、情報提供、必要に応じて関係機関・関係者との連携等といったソーシャルワーク機能を有する必要性が求められてきた経緯が確認できる。しかし、これら保育ソーシャルワークをどのように活用し、展開していくかという

ことについては、未だ十分な議論や見解に至っているとは言えないようである。
　先行研究では、保育ソーシャルワークの充実に向け、保育所ないしは保育士が意識を高め、さらに知識や技術を向上させることを課題として挙げている研究がいくつかある。しかしその一方で、保育所ないしは保育士がソーシャルワークを担うことについての疑問も呈されている。
　例えば、地域を視野に入れたソーシャルワーク等については、保育士業務は子どもの育ちへの支援が中心であるという、従来からの保育機能を重んじるべきであって、保育士が中心的職種として機能する必要性や妥当性は高くないという主張である[14)15)]。土田は、保育所におけるソーシャルワークは、日々の保育におけるケアワークを基盤とした上で、子どもと保護者の関係性、保護者、地域社会に働きかけるものとし、児童相談所等の専門機関がもつソーシャルワーク機能とは境界があることを示唆する[16)]。これら保育所でのソーシャルワーク実践への課題や疑問についての研究からは、今の保育所において発揮でき得るソーシャルワークを明確にし、かつ地域の他の社会資源といかに子育て支援のネットワークを形成することができるかという方向へ視点が向けられていると考えられる。
　また、保育ソーシャルワークの担い手については、保育所内での役割を明確化し、クラス担任等をもたない施設長等が担当することや、専門職を配置するなどソーシャルワーク機能の外部化を図ることも今後の保育ソーシャルワークの方向性の1つとして検討が可能ではないかと考える。

（2）養成課程における保育ソーシャルワーク教育

　保育ソーシャルワークの方向性を考える上で、保育実践でのあり方と並行し、これからの保育を支える人材の教育のあり方について検討する必要性もある。保育士の養成課程における教育のあり方を提言した研究としては、家庭や地域をターゲットとした支援に要する知識技術を習得するため、教育課程における具体的な科目について教授法を探求したものがある。特にソーシャルワーク理解の促進については「社会福祉援助技術」科目を演習形態で実施する上での教授展開の検討や課題提示[17)18)]、養成課程における記録・面接技術のあり方等の研究が見られる[19)]。現代の子育てニーズに対応すべく、養成段階において実践の基礎的力量を形成することは、保育ソーシャルワーク実践に影響をもたらすことが予測される。しかし、現状の保育士養成課程は大部分が2年課程であ

[20)]り、保育士資格の範疇でどこまでの力量が求められてくるか、またどのようなカリキュラムが必要となるかについては今後の検討が必要であろう。

　以上、保育ソーシャルワークの方向性について概観すると、比較的近年の文献では従来の保育の専門性を基盤としつつ、子ども、保護者、地域へ向けた支援を行い、保育所のみでは解決が困難なケースについてはネットワークを通して地域の社会資源との連携を通じて支援にあたるという見解が見られた。ここでは、保育所が子育て支援拠点として、積極的にコーディネート機能を担うというよりは、ソーシャルワークを含む子どもと家庭を支援するための専門性を備えた機関等と、協働して関わっていくという位置づけを想定することができる。また、ソーシャルワーク機能を外部化する等、新たな保育ソーシャルワークシステムを構築する可能性を模索することも１つの方向であろう。その一方で、保育者の研修やリカレント教育を通し、知識や技術等の研鑽をサポートする体制の整備も必要とされ、養成課程におけるソーシャルワーク教育の整備充実と両輪となって保育実践の質的向上を図ることが求められる。

おわりに

　日本において保育ソーシャルワーク機能が求められてきた経緯があり、またその必要性が広く認知され、学術的な追究が始まっていることは先行研究から明らかである。しかしながら、現状では「保育ソーシャルワーク」について明確な定義が存在しているとは言えず、模索が続けられている状況である。保育ソーシャルワーク研究は途についたばかりである。

　今後も多方面から保育ソーシャルワークへのアプローチが行われていくであろう。子どもと親の日々の営みへまなざしを向け、乳幼児期の子どもたちが育つ環境をよりよくするための研究であることが求められる。子育てや保育実践の動向において、近年の保育の質の問題や保育士待遇、保育士不足等、現場での課題は山積している。子どもと親、そして保育士にとって有益な研究を追究していくことが必要とされる。理論構築とともに、科学的実践として保育ソーシャルワークを位置づけるべく、エビデンスの積み上げを図る努力を行うことも今後の研究課題であると言えよう。

付　記

　本章は、次に示す筆者の既出の稿に修正、加筆し、再掲したものである。
山本佳代子「保育ソーシャルワークに関する研究動向」『山口県立大学社会福祉学部紀要』第19号、2013年、49-59頁。

注

1）　橋本真紀・扇田朋子・多田みゆき・藤井豊子・西村真実「保育所併設型地域子育て支援センターの現状と課題——A県下の地域子育て支援センター職員と地域活動事業担当者、保育所保育従事者の比較調査から——」『保育学研究』第43巻第1号、2005年、76-89頁。
2）　伊藤良高・香﨑智郁代・永野典詞他「保育現場に親和性のある保育ソーシャルワークの理論と実践モデルに関する一考察」『熊本学園大学論集　総合科学』2012年、1-21頁。
3）　伊藤嘉余子「生活型福祉施設におけるソーシャルワークの介入と調整：児童養護施設実践に焦点をあてて」『ソーシャルワーク研究』第38巻第2号、2012年、100-106頁。
4）　鶴宏史『保育ソーシャルワーク論——社会福祉専門職としてのアイデンティティ——』あいり出版、2009年、48-50頁。
5）　伊藤良高「保育ソーシャルワークの基礎理論」、伊藤良高・永野典詞・中谷彪編『保育ソーシャルワークのフロンティア』2011年、9-16頁。
6）　土田美世子『保育ソーシャルワーク支援論』明石書店、2012年、103-107頁。
7）　伊藤・香﨑・永野他前掲論文。
8）　伊藤利恵・渡辺俊之「保育所におけるソーシャルワーク機能についての研究——テキストマイニングによる家族支援についての分析——」『高崎健康福祉大学総合福祉研究所紀要』第5号（2）、2008年、1-26頁。
9）　今堀美樹「保育ソーシャルワーク研究——保育士の専門性をめぐる保育内容と援助技術の問題から——」『神学と人文：大阪基督教学院・大阪基督教短期大学研究論集』第42号、2002年、183-191頁。
10）　鶴宏史「保育ソーシャルワークの実践モデルに関する考察（その1）——保育ソーシャルワーク試論（3）——」『福祉臨床学科紀要』第3号、2006年、65-78頁。
11）　土田美世子「エコロジカル・パースペクティブによる保育実践」『ソーシャルワーク研究』第31巻第4号、2006年、33-42頁。
12）　石田慎二・前迫ゆり・智原江美・中田奈月・高岡昌子・福田公教「保育所におけるソーシャルワーク援助」『奈良佐保短期大学紀要』第12号、2004年、9-17頁。
13）　山本佳代子「保育所を中心とした地域連携の現状と実践的課題——保育ソーシャル

ワークの観点から──」『山口県立大学社会福祉学部紀要』第20号、2014年、105-120頁。
14) 土田美世子「地域子育て拠点施設としての保育所の機能と可能性──保育所ソーシャルワーク支援からの考察──」『龍谷大学社会学部紀要』第39号、2011年、21-39頁。
15) 山縣文治「地域子育て支援施策の動向と実践上の課題」『季刊保育問題研究』第244号、2010年、6-18頁。
16) 土田前掲論文（注14）。
17) 上村千尋「保育士養成課程におけるソーシャルワーク教授法（1）──学生主体（learner-centered）の演習プログラムの展開──」『山口芸術短期大学紀要』第37号、2005年、43-60頁。
18) 松本しのぶ「保育士に求められるソーシャルワークとその教育の課題──地域子育て支援をめぐる動向から──」『奈良佐保短期大学』第15号、2007年、65-75頁。
19) 安藤健一「保育士養成課程における保育ソーシャルワークの可能性──生活場面接への展開過程──」『清泉女学院短期大学研究紀要』第28号、2010年、1-11頁。
20) 松本前掲論文。

第2章
保育ソーシャルワークにおける価値と倫理

はじめに

　社会福祉サービスの供給主体が多様になる中で、今後さらにサービス提供を担う社会福祉専門職の専門性や質、倫理性と責務の自覚が問われる[1]。そのため、各社会福祉専門職団体において、第三者評価、倫理綱領の改訂や策定が進められてきた。

　保育士もその例外ではなく、保育士資格の法定化に伴い、2003年に全国保育士倫理綱領が策定され、翌年にはそのガイドブックも刊行された[2]。この倫理綱領は、保育士が専門職として行動すべきかを明示している点では効力をもち、今後の普及が望まれるが、後述するように課題も残る。

　本章では、まず専門職の価値と倫理、倫理綱領、倫理的ジレンマの概念を踏まえ、その上でソーシャルワーク、保育領域の専門職の価値と倫理を概観し、倫理的ジレンマの対応について言及する。これらを踏まえて、保育ソーシャルワークの視点から、保育士の専門職の価値と倫理の課題について考察する。

　その主な素材は、日本社会福祉士会の倫理綱領とガイドブック[3]、National Association for the Education of Young Children（NAEYC：全米乳幼児教育協会）が策定したCode of Ethical Conduct and Statement of Commitment（以下、NAEYC倫理綱領と略記）[4]とガイドブック[5]である。

1　専門職の価値と倫理

　すべての専門職、特に医療、看護、福祉、教育、心理などのヒューマンサービス領域の専門職は、専門職の知識および専門職の技術とともに、専門職の価値や倫理を有することが求められる。

価値と倫理は明確に区分されない場合もあるが、小山隆は、「『価値』とはその専門職が『何を目指しているのか、何を大切にするのか』という信念の体系であるのに対して、『倫理』は価値を実現するための『現実的な約束事・ルールの体系』である」と両者を定義づけている。また、奥西栄介は「価値が目指すべき到達点であるならば、倫理はそれを実現するための取り決めごとの体系」と述べている。

　つまり、専門職の価値とは、専門職活動の原理や基盤、諸活動を方向づける考え方なり視点である。そして専門職の倫理とは、価値を具体化するための約束事であり、行動規範（責任、義務）である。

　個々の専門職者は、前述した専門職の価値や倫理を持つ必要があるが、各専門職団体が採用する倫理綱領を遵守する必要がある。倫理綱領とは、各専門職団体の専門職の価値や倫理を明文化したものであり、その団体に所属する専門職者の遵守規定である。倫理綱領は、① 社会に対する当該専門職集団の役割を示す機能、② 専門職集団内での価値と倫理の共有を図る機能、③ 当該専門職集団に所属する専門職者の不当な行為を規制する機能などを有する。

　ところで、専門職の倫理を遵守しようとすれば、倫理的ジレンマが生じることはすでに他領域の研究から明確である。倫理的ジレンマとは、ある実践において相反する複数の価値や倫理（義務や責任）が存在し、そのいずれもが重要な場合、専門職として葛藤し、方針の決定が困難となることを意味する。

　日本において保育士の倫理的ジレンマにおよびその解消に関する研究は、海外の紹介に留まっている。また、全国保育士倫理綱領とガイドブック、日本社会福祉士会の倫理綱領とガイドブックには倫理的ジレンマについての言及がない。そのため、今後、保育ソーシャルワークを考える中で、保育士の価値や倫理に関する研究は重要になる。

2　ソーシャルワークおよび保育領域における価値と倫理

（1）ソーシャルワークおよび保育領域における価値

　日本社会福祉士会の倫理綱領において示される価値は、① 人間の尊厳、② 社会正義、③ 貢献、④ 誠実、⑤ 専門的力量、の5項目である。これらはソーシャルワーク専門職の価値として捉えられるが、子ども家庭福祉領域に限定をすると、野澤正子が「児童福祉における価値は、子どもの最善の利益、子どもの福

祉増進の保障につきる[11]」と指摘する。安藤忠と安原佳子は、障害児福祉における価値として、①子どもの人権の尊重、②子どもの社会性、③子どもの変化の可能性の3点を挙げている[12]。

さらに保育領域に限定をすると、全国保育士会倫理綱領では、子どもの最善の利益をその価値として挙げている。また、NAEYC倫理綱領では、専門職の価値（中核的価値）として次の7項目を挙げている。すなわち、①人間のライフサイクルの中で、ユニークで価値ある時期として、子ども期を正しく認識する、②子どもの発達と学習に関する知識を、我々の職務の基礎とする、③子どもと家族の絆を正しく認識し、援助する、④子どもは、家族、文化、地域、社会の文脈の中で、最もよく理解され、援助されることを認識する、⑤1人1人の個人（子ども、家族成員、同僚）の尊厳、価値、独自性を尊重する、⑥子ども、家族成員、同僚の中で多様性を尊重する、⑦誠実と敬意を基盤とした関係を背景にして、子どもと大人は、その可能性を最大に発揮できることを認識する、である。

このようにみれば、児童の権利条約や児童福祉法などに示される理念である、子どもの尊厳の尊重、子どもの人権の尊重、子どもの最善の利益の尊重などが、保育領域を含めた子ども家庭福祉領域の専門職の価値の中核であろう。また、NAEYC倫理綱領では、これらに加えて、親子関係の重要性の認識や専門的知識の基盤に発達と学習に置くことを明示していることも見落とせないことである（表2-1に各倫理綱領を比較しているので参照のこと）。

（2）ソーシャルワークおよび保育領域における倫理

繰り返すが、専門職の倫理とは、専門職の価値を具体化するための約束事、責任や義務である。そのため、倫理綱領では、「倫理責任」「責任」という記述を用いることが多い。さらにそれを具体的にした行動規範が示される場合もある。

日本社会福祉士会の倫理綱領では、前述した5つの価値を具現化するために、①利用者に対する倫理責任、②実践現場における倫理責任、③社会に対する倫理責任、④専門職としての倫理責任の4領域の倫理責任が示されている。

利用者に対する倫理責任は12項目あり、その1つに「（利用者との関係）社会福祉士は、利用者との専門的援助関係を最も大切にし、それを自己の利益のために利用しない」が示されている。さらにこの項目の下位に6項目の行動規範

表 2-1　各倫理綱領の比較

	全国保育士会倫理綱領	NAEYC 倫理綱領	日本社会福祉士会の倫理綱領
価値	① 子どもの最善の利益の尊重	① 人間のライフサイクルの中で、ユニークで価値ある時期として、子ども期を正しく認識する。 ② 子どもの発達と学習に関する知識を我々の職務の基礎とする。 ③ 子どもと家族の絆を正しく認識し、援助する。 ④ 子どもは、家族、文化、地域、社会の文脈の中で、最もよく理解され、援助されることを認識する。 ⑤ 1人1人の個人（子ども、家族成員、同僚）の尊厳、価値、独自性を尊重する。 ⑥ 子ども、家族成員、同僚の中で多様性を尊重する。 ⑦ 誠実と敬意を基盤とした関係を背景にして、子どもと大人は、その可能性を最大に発揮できることを認識する。	① **人間の尊厳**：社会福祉士は、すべての人間を、出自、人種、性別、年齢、身体的精神的状況、宗教的文化的背景、社会的地位、経済状況等の違いに関わらず、かけがえのない存在として尊重する。 ② **社会正義**：差別、貧困、抑圧、排除、暴力、環境破壊などの無い、自由、平等、共生に基づく社会正義の実現を目指す。 ③ **貢献**：社会福祉士は、人間の尊厳の尊重と社会正義の実現に貢献する。 ④ **誠実**：社会福祉士は、本倫理綱領に対して常に誠実である。 ⑤ **専門的力量**：社会福祉士は、専門的力量を発揮し、その専門性を高める。
倫理	② 子どもの発達保障 ③ 保護者との協力 ④ プライバシーの保護 ⑤ チームワークと自己評価 ⑥ 利用者の代弁 ⑦ 地域の子育て支援 ⑧ 専門職としての責務	①子どもに対する倫理責任（12） ② 家族に対する倫理責任（9） ③ 同僚に対する倫理責任（6） ④ 地域や社会に対する倫理責任（9） ＊①〜④に関する理念(ideals) 36項目	① 利用者に対する倫理責任（12） ② 実践現場における倫理責任（4） ③ 社会に対する倫理責任（3） ④ 専門職としての倫理責任（7） ＊①〜④に26項目
行動規範		① 子どもに対する倫理責任（11） ② 家族に対する倫理責任（15） ③ 同僚に対する倫理責任（9） ④ 地域や社会に対する倫理責任（13） ＊①〜④に関する原則（principles）48項目	① 利用者に対する倫理責任（42） ② 実践現場における倫理責任（11） ③ 社会に対する倫理責任（10） ④ 専門職としての倫理責任（21） ＊①〜④に関する行動規範84項目

出典：各倫理綱領をもとに筆者が作成。

が示されている。例えば、「社会福祉士は、利用者との専門的援助関係についてあらかじめ利用者に説明しなければならない」の項目があり、より具体的であることがわかる。

NAEYC倫理綱領では、前述した7つの専門職の価値を具現化するために、① 子どもに対する倫理責任、② 家族に対する倫理責任、③ 同僚に対する倫理責任、④ 地域や社会に対する倫理責任の4領域の倫理責任が示されている。それぞれの倫理責任には「理念 (ideals)」と「原則 (principles)」が示されている。理念は保育者の規範となる原理であり、例えば、子どもに対する責任においては「保育に関する知識基盤に精通すること、そして継続教育と研修を通して新しい知識を与えられ保持すること (I-1.1)[13]」という記述が示されている。

原則は保育者が行動するための原則で、日本社会福祉士会の倫理綱領の行動規範にあたるものであろう。例えば、子どもに対する責任においては「何よりもまず、我々は子どもたちを傷つけない。我々は、子どもたちに情緒的に害を与え、身体的に傷つけ、失礼な、品位を下げるような、危険で、搾取するような、怖がらせるような実践に参加しない。この原則は、倫理綱領の他の原則よりも優先される (P-1.1)」とある。理念に比べて原則の方が具体性は高いが、規範と原則は必ずしも対応しているわけではない。

このように専門職の倫理は、専門職が誰に対して、どのような責任、義務があるかを明確にしている。前者に関しては、保育を含めた子ども家庭福祉領域では、子ども、保護者、所属機関・施設や同僚、地域・社会に対する倫理責任を明確にする必要がある。後者については、すべてを列挙することはできないが、おおよそ、① 利用者に害を与えないこと、② 利用者の健康、福祉などに寄与すること、③ 利用者を利己的に利用しないこと、④ 利用者の自己決定を尊重する、⑤ 利用者の秘密を守る、⑥ 専門性の向上などに集約できる。

3　倫理的ジレンマ
　　　──事例を通しての倫理的ジレンマの対応[14]──

（1）倫理的ジレンマを含んだ事例の概要

NAEYC倫理綱領のハンドブックでは、複数の倫理的ジレンマの事例を紹介し、その対応手順を示している。その中の1つの事例を取り上げ、その対応手順を紹介する。なお、事例中の名前は日本名に改変している。

> 佐藤花子さんは、4歳になる息子の太郎を昼寝の時間に眠らせないようにと担任保育士の山田先生に求めた。佐藤さんは「息子（太郎）が昼寝をした時はいつも22時まで起きている。私は5時に起床して職場に向かっていて、十分に睡眠をとれない」とその理由を述べた。太郎は他の子どもたちと一緒に、ほとんど毎日1時間の昼寝をしている。山田先生は、太郎の午後の情緒的安定のためにも昼寝は必要だと思われると述べている。

（2）葛藤している倫理責任を特定する

まずこの事例が倫理問題か、倫理的ジレンマかを明確にする必要がある。前者は NAEYC 倫理綱領の記載事項に反する状態なので、改善に努めなければならない。後者の場合は倫理責任が葛藤している状態なので、何と何が葛藤しているかを特定する必要がある。

さて、この事例は倫理的ジレンマとなる。なぜなら、母親の要望を尊重する権利——家族に対する倫理的責任の「家族の養育観と、自分の子どもに対する家族の決定権を認めること（I-2.6）」と、子どもが必要な睡眠をとることを許される権利——子どもに対する倫理責任の「子どもたちの社会的・情緒的・認知的・身体的発達を育むような、そして、子どもたちの尊厳と貢献を尊重する、安全かつ健康的な環境を構成し、維持すること（I-1.5）」などが衝突するためである。

（3）関係者全員が満足する問題解決の方法を考える

複数の倫理責任が衝突する状態で、まずはどの倫理責任も犠牲にすることなく、関係する人々が満足する問題解決の方法をリストアップし、可能な場合は実行する。

この事例では、まずは山田先生が佐藤さんに昼寝の重要性を説明しつつ、家族の就寝時間や就寝儀式、食事などについて情報収集する。その上で、佐藤さんに対して夜は静かな活動をすること、ベッドでお話することなどを勧める。保育所では昼寝時間を短くする、いつもよりも早い時間に昼寝するなどの時間変更を試みたり、あるいは5歳児クラスで昼寝をせずに過ごしたりするなどの解決方法を実施することを提案する。山田先生と佐藤さんが話し合う中で、いくつかの妥協点が見出されるかもしれない。

（4）倫理綱領で指針となるものを探す

前述(3)の方法で倫理的ジレンマを解決できない場合、倫理的に正当と認められる解決を見出し、実行する必要がある。そのために倫理綱領を参照する必要がある。まずは関係する専門職の価値（中核的価値）は以下の項目である。

- 子どもの発達と学習に関する知識を、我々の職務の基礎とする。
- 子どもと家族の絆を正しく認識し、援助する。
- 子どもは、家族、文化、地域、社会の文脈の中で、最もよく理解され、援助されることを認識する。
- １人１人の個人(子ども、家族成員、同僚)の尊厳、価値、独自性を尊重する。
- 子ども、家族成員、同僚の中で多様性を尊重する。

そして、関係する倫理責任（理念）は以下の通りである。

- 子どもたちの傷つきやすさと、大人への依存性を認めること（I-1.4）。
- 子どもたちの社会的・情緒的・認知的・身体的発達を育むような、そして、子どもたちの尊厳と貢献を尊重する、安全かつ健康的な環境を構成し、維持すること（I-1.5）。
- 我々は、親の子育て課題において親を支援しているので、家族の話に耳を傾け、家族の強さや能力を認めその上に築き上げること、そして、家族から学ぶこと（I-2.4）。
- 家族の養育観と自分の子どもに対する家族の決定権を認めること（I-2.6）。
- 家族成員が自分の子どもたちについて理解を深められるように手助けし、そして彼らが親としてのスキルを継続して発達させるのを支援すること（I-2.8）。

さらに、関係する倫理責任（原則）は以下の通りである。

- 何よりもまず、我々は子どもたちを傷つけない。我々は、子どもたちに対して情緒的に害を与え、身体的に傷つけ、失礼な、品位を下げるような、危険で、搾取するような、怖がらせるような実践に参加しない。この原則は、倫理綱領の他の原則よりも優先される（P-1.1）。
- 我々は、園の理念、方針、カリキュラム、評価システム、および職員の資格保有に関する情報を家族に提供し、そして、なぜ我々がそのよう

に指導するのか——その指導が子どもたちに対する我々の倫理責任と一致することを説明する（P-2.2）。
・我々は、家族に、自分たちの子どもに影響する重要な決定への参加を求める（P-2.4）。

（5）可能性のある選択肢を評価し、行動指針を決定する

(4)でリストアップされた専門職の価値や理念、原則をもとに、保育者はどの倫理責任を優先するのか、選択肢を示し、その根拠や結果予測、リスクについて事前に評価する。各選択肢の評価基準は倫理理論となるが、NAEYCでは義務論、功利主義、ケアの倫理を紹介しているが、本章では詳細は省く。

この事例では、選択肢は大きく2つに分けられる。1つは、山田先生は太郎君に昼寝をさせないという決定である。なぜなら、山田先生は十分に睡眠をとらないで仕事をするのがいかに大変かを知っているからだ。なぜ山田先生がこの選択肢を選んだかを尋ねられるならば、母親の要望に対する敬意と、保育者として家族支援に置く価値よって導かれたと答えるかもしれない。つまり、家族に対する倫理的責任の「家族の養育観と、自分の子どもに対する家族の決定権を認めること（I-2.6）」を最優先したことになる。

もう1つの選択は、山田先生が佐藤さんの要求を尊重しつつもそれを断り、そして太郎君の昼寝を継続することである。もし山田先生の決定の根拠は何かと問われたら、ほとんどの4歳児には昼食後の昼寝が必要であり、太郎君の充実した一日のために休息が必要であると答えるだろう。すなわち、「子どもたちの社会的・情緒的・認知的・身体的発達を育むような、そして、子どもたちの尊厳と貢献を尊重する、安全かつ健康的な環境を構成し、維持すること（I-1.5）」を最優先したことになる。

どちらの決定も筋の通った根拠があり、そしていずれもいくつかの利益と犠牲を含んでいる。

（6）実行し、評価する

(5)で示された行動指針の1つを選択し、実行する。保育者は関係者と話し合う際には、誠実にやりとりし、そしてお互いに気を配り、礼儀正しく話を聴く雰囲気づくりが重要となる。その選択肢に基づいた行動指針が実行された後、保育者はその成果を評価しなければならない。

以上のような手順で倫理的ジレンマに対応がなされるが、全国保育士会倫理綱領とガイドブック、日本社会福祉士会の倫理綱領とガイドブックでは倫理的ジレンマやその対応についての記述は見られない。ただし、社会福祉士養成においてはテキストレベルで倫理的ジレンマに触れている文献はあり、馴染みがないわけでない。とはいえ、保育士養成においては倫理的ジレンマについてはテキストレベルでも触れられておらず、今後の課題といえる。

おわりに
——今後の課題——

　各節において課題について若干触れたが、全体的な今後の課題を4点にまとめて示す。
　第1に、保育士養成および保育現場での倫理教育の充実である。すでに全国保育士会倫理綱領が採択され、倫理綱領を定着させるために、研修を通しての啓発、保育関係機関に倫理綱領の周知がなされている。さらなる深化を目指して、全国・地方自治体・保育園レベルの研修において、ワークショップを行うなどの取り組みが求められる。
　第2に、保育士の専門職の価値と倫理の明確化である。全国保育士会倫理綱領では、専門職の価値と倫理の区別が不明瞭である。他の専門職でも、価値と倫理が不明確な倫理綱領もあるが、価値は実践の基盤であるとともに、個人的な価値との区別を明確にするためにも価値と倫理を明確にした方がよいだろう。そのためには、全国社会福祉士会の倫理綱領の形式は大いに参考になる。
　第3に、倫理問題や倫理的ジレンマに関する取り組みの推進である。そのためには、調査などを通じて事例を収集し、問題を整理することが必要とされる。すでに本章で紹介したNAEYCの取り組みや、看護領域では倫理問題に関する事例収集と検討が行われており、参考になる[15]。さらに、倫理的思考や技術が求められるため、倫理学に関する知見を取り入れる必要がある。
　最後に、全国保育士会倫理綱領と、ソーシャルワーカーの倫理綱領との整合性である。本章で紹介した、日本社会福祉士会の倫理綱領は、日本ソーシャルワーカー協会、日本医療社会事業協会、日本社会福祉士会、日本精神保健福祉士協会が合同で採択するソーシャルワーカーの倫理綱領がもとになっている。日本介護福祉士会や日本保育士会などもソーシャルワーカーの倫理綱領を採択し、同時に独自の倫理綱領を採択すればよいと考えるのだが現実はそうではな

い。そうであるならば、それはなぜかを明らかにするとともに、社会福祉専門職全体を包括する価値や倫理をどのように構築（あるいは再構築）するかを考える必要があろう。

注
1) 柏女霊峰「特集の視点」『月刊福祉』第86巻第11号、2003年、11頁。
2) 柏女霊峰監修、全国保育士会編『全国保育士会倫理綱領ガイドブック』全国社会福祉協議会、2004年、8-14頁。
3) 日本社会福祉士会編『改訂　社会福祉士の倫理――倫理綱領実践ハンドブック――』中央法規出版、2007年。
4) NAEYCのHP "Code of Ethical Conduct and Statement of Commitment (Revised April 2005, Reaffirmed and Updated May 2011" http://www.macte.org/images/Code_of_Ethical_Conduct.pdf#search='Code+of+Ethical+Conduct+and+Statement+of+Commitment+2011'（最終確認2014年2月1日）。
5) Feeney,S. and Freeman,N.K., Pizzolongo, P.J., *Ethics and the Early Childhood Educator: Using the NAEYC Code (Second Edition)*, NAEYC, 2012.
6) 小山隆「福祉専門職に求められる倫理とその明文化」『月刊福祉』第86巻第11号、2003年、16-19頁。
7) 奥西栄介「社会福祉援助の価値・倫理・専門性」、谷口泰史・松本英孝・高間満他編『社会福祉援助技術論』久美出版、2005年、42頁。
8) 同上論文、および柏女監修前掲書（注2）。
9) 社会福祉士養成講座編集委員会編『相談援助の基盤と専門職　第2版』中央法規出版、2010年。
10) 大宮勇雄『保育の質を高める――21世紀の保育観・保育条件・専門性――』ひとなる書房、2006年、および藤川いづみ「全米幼児教育協会の倫理規定に関する研究（1）倫理規定策定のプロセスを中心に」『和泉短期大学研究紀要』第26号、2006年、75-81頁を参照。
11) 野澤正子「児童福祉と社会福祉の方法・技術」、太田義弘編『ソーシャルワークの支援過程の展開』中央法規出版、1999年、193頁。
12) 安藤忠・安原佳子「障害者（児）福祉と社会福祉の方法・技術」同上書、216-218頁。
13) 前掲HP（注4）。なお"I"は理念（ideals）を指し、"P"（principles）は原則を表す。"I-1.1"というのは、"理念-セクション1-1番目の項目"を意味する。以下、同様。
14) Feeney and Freeman, Pizzolongo 前掲書の第3章および第5章。
15) 例えば、杉谷藤子・川合政恵監修、医療人権を考える会『「看護者の倫理綱領」で読み解くベッドサイドの看護倫理事例30』日本看護協会出版会、2007年。

第3章
保育制度・経営論としての保育ソーシャルワーク

はじめに

　近年、保育所・幼稚園・認定こども園等保育・幼児教育制度（以下、保育制度と総称）及びそれらの経営をはじめとする保育・幼児教育経営（以下、保育経営と総称）の改革をめぐる動向が頗るめまぐるしい。最近の主なものとして、国レベルにあっては、以下の3つの政策文書または制定法令を挙げることができよう。すなわち、1つには、2009年2月に出された厚生労働省・社会保障審議会少子化対策特別部会「第1次報告——次世代育成支援のための新たな制度体系の設計に向けて——」（以下、第1次報告と略）である。2つには、2012年3月に、少子化社会対策会議（会長・内閣総理大臣）で決定された「子ども・子育て新システムに関する基本制度」（以下、基本制度と略）である。そして、3つには、2012年8月に制定公布された「子ども・子育て支援法」を中心とする「子ども・子育て関連3法」である。これらは、それぞれの位置づけや内容、特徴に違いは見られるものの、いずれも、保育制度・保育経営に係る規制緩和・改革を基軸とする新自由主義・市場主義政策を一層推進しようと企図している点で共通している。

　本章は、こうした保育制度・保育経営をめぐる政策的・法的状況を踏まえながら、保育ソーシャルワークの視点から、保育制度・保育経営に関する理論と問題について考察することを目的としている。この課題に応えるために、構成と内容は、以下のようになる。まず初めに、近年における保育制度・経営改革の動向と問題点について整理、叙述する。次に、保育ソーシャルワークの視点から、保育制度及び保育経営についての理論と問題について検討する。そして最後に、保育制度・経営論としての保育ソーシャルワークをめぐる当面の課題について指摘しておきたい。

1 保育制度・経営改革の動向と問題点

　近年、「子ども支援」及び「子育て支援」の総合的・統合的ワードとしての「子ども・子育て支援」の必要性と重要性が指摘されている。このワードが、政策的レベルにおいて初めて用いられたのは、2010年1月、少子化社会対策基本法（2003年7月）第7条の規定に基づく「大綱」として策定された「子ども・子育てビジョン～子どもの笑顔があふれる社会のために～」であった。すなわち、同ビジョンのなかで、子どもと子育てを応援する社会の構築に向け、「子どもが主人公（チルドレン・ファースト）」、「『少子化対策』から『子ども・子育て支援』へ」、「生活と仕事と子育ての調和」という3つのスローガンが提起されたことが、その端緒となった。そこでは、子どもと子育てを応援することは、「未来への投資」であると記され、めざすべき社会への12の主要施策の1つとして、「誰もが希望する幼児教育と保育サービスを受けられるように」というテーマの下、「待機児童の解消」、「多様な保育サービスの提供」、「幼児教育と保育の質の向上」、「幼保一体化を含む新たな次世代育成支援のための包括的・一元的な制度の構築」などが具体的施策として提示された。併せて、政府内に、厚生労働省・文部科学省・内閣府などの関係閣僚から成る「子ども・子育て新システム検討会議」が設置され、その後（同年9月）、新たに設置された3つの「ワーキングチーム」とともに、幼保一体化を含む「子ども・子育て新システム」（以下、新システムと略）の具体的な制度設計についての検討を始めた。

　2012年3月30日、政府は、「第1次報告」の骨子（市町村の保育実施義務解除や利用者と保育所との直接契約制の導入等現行保育制度の抜本的改革）を継承しつつ、「幼稚園・保育所の一体化」、「多様な保育サービスの実現」などをめざす「子ども・子育て新システム」を構想した「基本制度」等に基づき、「子ども・子育て支援法案」、「総合こども園法案」及び「子ども・子育て支援法及び総合こども園法の施行に伴う関係法律の整備に関する法律案」を閣議決定するとともに、第180回通常国会に提出した。これらの法律案は、保育所・幼稚園関係団体をはじめとする国民的な反対運動を受けて、「総合こども園法案」の撤回と認定こども園法案等の一部改正など、大幅な修正を余儀なくされることになった。これ以降、「新システム」という言葉は用いられなくなったものの、その本質はほとんど変わらずに残されたまま、2014年4月に消費税率を8％に、2015年10

月に同10％に段階的に引き上げる消費税法改正関連法案とともに、「子ども・子育て支援法案」など子ども・子育て関連３法案は、2012年６月26日に衆議院、８月10日に参議院を通過し、可決された。

成立した「子ども・子育て支援法」、「就学前の子どもに関する教育、保育等の総合的な提供の推進に関する法律の一部を改正する法律」及び「子ども・子育て支援法及び就学前の子どもに関する教育、保育等の総合的な提供の推進に関する法律の一部を改正する法律の施行に伴う関係法律の整備等に関する法律」は一般に、「子ども・子育て関連３法」（2014年８月22日公布。以下、関連３法と略）と総称されているが、保育施設経営者や保育・幼児教育行政担当者も含め「最も影響を受ける保護者や保育者が理解することは容易ではない」と評されるほど、きわめて複雑かつ難解であり、相当に問題の多い内容になっている。

関連３法の本質を正しく理解するためには、その先史ないし前段階となる1990年代前半からの厚生省／厚生労働省による保育所制度改革案及び1990年代中頃以降の文部省／文部科学省による幼稚園制度改革案、並びにそれらと直接的または間接的に結びついて提起された他の省庁、政府関係会議等による多様な幼稚園制度・保育所制度の一体化改革案にまで遡っておかなければならない。それらは、政策的には、保育所入所制度の選択利用方式への転換や保育所設置・運営主体の多元化、預かり保育等幼稚園における保育サービスの充実、幼稚園における２歳児入園の広がりなどをもたらしたが、「民営化」と「規制緩和」をキーワードに、既存の保育制度・経営を「改革」し、社会保障費・教育費の公的支出の増大を抑制しつつ、保育制度・経営の「商品化」と「市場化」を志向するものであった。すなわち、国及び地方公共団体（自治体）の公的責任性の曖昧化と縮減・後退をもたらし、保育制度・経営全体を新たな多元的システムに切り換え、公設公営など公的制度はできる限り縮小して様々な制度を準備し、全体として、民間活力を拡大・強化しようとするものとなっているのである。2015年４月に全面施行された「関連３法」に基づく「子ども・子育て支援新制度」（以下、新制度と略）についても、この間の政権交代（2009年９月16日に民主党政権が誕生。2012年12月26日には一転して自民党が政権奪還）という情勢にはまったく関わりなく、従前からの保育制度・経営に係る規制緩和・改革を軸とする新自由主義・市場主義政策を推進していくことになるであろう。

関連３法の主なポイントを列挙すれば、① 子ども・子育てに関する市町村の役割・責務を明確にし、すべての子どもの健やかな育ちを重層的に保障、

②子どものための教育・保育給付として、認定こども園・幼稚園・保育所を通じた共通の給付（施設型給付）及び小規模保育等への給付（地域型保育給付）を設立、③市町村及び都道府県に対し、国の基本方針に即した、5年を1期とする教育・保育及び地域の子ども・子育て支援事業の提供体制の確保、業務の円滑な実施に関する計画（市町村（都道府県）子ども・子育て支援事業計画。以下、事業計画と略）の策定を義務化、④幼保連携型認定こども園について、学校及び児童福祉施設として法的位置づけを持つ単一の施設とする、⑤市町村には、保育を必要とする子どもに対し、必要な保育を確保する責務があると明確にし、すべての子どもに保育を保障、⑥地域型保育について、市町村が認可する仕組みを設定する、などとなる。

　上記制度設計については、すでに幼児教育・保育界及び関連学会などから数多くの批判が提示されているが、ここでは、3点指摘しておきたい[5]。すなわち、第1点は、新制度にあっては、保護者に対する個人給付と保護者が自ら選択し契約する直接契約制を基本的な仕組みとすることで、これまでは施設に対する国・地方自治体からの負担金・補助金交付（施設補助方式）と自治体責任による入所・利用の仕組みをとってきた保育所制度にとりわけ大きな変化をもたらすということである。2つには、新制度にあっては、子ども・子育て支援の実施主体は基礎自治体（市町村）とされ、市町村は、国・都道府県からの交付金・補助金及び市町村財源（地方分）と合わせ、地域のニーズに基づいて事業計画を策定し給付・事業を実施していくことになるが、地方自治体の取り組み姿勢や財政力などの違いにより、地方自治体間格差・実施事業間格差がさらに拡大していくことが危惧されるということである。そして第3には、新制度にあっては、認定こども園や幼稚園、保育所（当分の間、私立保育所は除く）は、基本的に、特定教育・保育施設として支給される「施設型給付」と、利用者（保護者）が認定された保育必要量を超えて保育を利用した場合に支払う自己負担金とで経営していくことになり、これまでより経営の不安定化が予想されるということである。こうした保育制度・経営改革の動向が、子ども・保護者・保育者（保育士、幼稚園教諭もしくは保育教諭）の「人権としての保育・幼児教育」を保障するものであるか否かが鋭く問われなければならないといえよう。

2　保育ソーシャルワークとしての保育制度論

　保育制度とは一般に、「子どもの「保育を受ける権利」の保障に向けて、子どもの心身ともに健やかな成長（生命・生存・生活と発達の保障）を図ることを目的として、独自の意思を持って一体的な保育・教育活動を展開する組織」などと定義づけることができるが、以下では、保育ソーシャルワークの視点から、その理論と問題について検討しておきたい。

　日本国の最高法規である日本国憲法（以下、憲法と略）第13条は、「すべて国民は、個人として尊重される。生命、自由及び幸福追求に対する国民の権利については、……立法その他の国政の上で、最大の尊重を必要とする」と定めているが、同規定は、憲法が国民に保障する基本的人権条項（第14条～第40条）の目標を示していると考えられる。すなわち、基本的人権が「侵すことのできない永久の権利」（同第11条、第97条）として国民に与えられているのは、国民が「幸福に生きる」ためである。国民、特に子どもの「幸福」とは何かについては多種多様な解釈が可能であるが、今、それを「人間らしい人間になること」ととらえるならば、子どもに関するすべての措置・取り組みは、子どもが人間らしく育てられ育っていくことに資するものでなくてはならない。中谷彪は、「教育について言えば、日本国憲法の平和的民主的な理念と教育条理に則った教育の機会均等を通して子ども・若者たちの健やかな成長と発達を図り、彼らの「幸福に生きる権利」の実現を達成していくこと」と述べているが、まさにこの指摘の通り、子どもの「心身ともに健やかな成長と発達」は、彼ら／彼女らが「幸福に生きる」こととイコール、もしくはその基礎となるものとして位置づけられるものである。保育ソーシャルワークもまた、こうした国民、特に子どもの「幸福に生きる権利」の実現に資するものでなくてはならない。

　伊藤良高は、「保育ソーシャルワーク」概念について、次のように述べている。「今とりあえず、同義語反復的にいうならば、保育ソーシャルワークとは、「保育に関するソーシャルワーク」「保育を対象とするソーシャルワーク」と定義づけることができる。ここでの「保育」とは、統一的に保護または養護という機能を含んだ教育（英語表記では、Early Childhood Care and Education、または単に、Care and Education。その意味では、単なるケアワークではない）であり、直接的には、その対象である乳幼児の幸福の実現（すなわち、発達保障と生存・生活保障）をめ

ざすものであるが、厚生労働省「保育所保育指針」（2017年３月。以下、2017年版保育指針と略）や文部科学省「幼稚園教育要領」（同）、内閣府・文部科学省・厚生労働省「幼保連携型認定こども園教育・保育要領」（同）にも明記されているように、家族・家庭の幸福の実現がその必要条件となっている。従って、保育ソーシャルワークとは、子どもと保護者の幸福のトータルな保障に向けて、そのフィールドとなる保育実践及び保護者支援・子育て支援にソーシャルワークの知識と技術・技能を応用しようとするものである、といえるであろう。ただし、これまで蓄積されてきたソーシャルワーク論の保育への単なる適用ではなく、保育の原理や固有性を踏まえた独自の理論、実践として考究されていくことが望ましい」[8]。やや長い引用となったが、ここには、子どもの「幸福に生きる権利」の実現が子どもの保護者・家庭のそれと基底的に結びついており、両者をトータルにとらえていくことや保育の原理・固有性を踏まえた独自の理論、実践として保育ソーシャルワークを構築していくことの大切さが説かれている。

　周知のごとく、保育・幼児教育界において、保護者支援・子育て支援の必要性・重要性が唱えられるようになったのは、少子化対策が大きな社会問題となり始めた1990年代以降のことである。政策的レベルで見れば、その直接的契機となったものは、1994年12月に出された文部省・厚生省・労働省・建設省４大臣合意による「今後の子育て支援のための施策の基本的方向について」（エンゼルプラン）である。同文書において、「子育て支援」がキーワードとなり、これ以降、地域子育てネットワークの構築に向けて、孤立感・不安感・負担感のなかで子育てに向き合う場面が少なくない専業主婦（夫）家庭を対象に、育児不安等についての相談指導や子育てサークル等への支援などを行う地域子育て支援センター事業（1995年４月〜。現・地域子育て支援拠点事業）、私的理由としての保護者の育児疲れ解消にも対応する一時保育事業（1996年４月〜。現・一時預かり事業）、幼稚園における預かり保育など、様々な子育て支援事業が展開されてきている。

　こうしたなかで、2003年８月に発表された厚生労働省報告書「社会連帯による次世代育成支援に向けて」（以下、2003年厚生労働省報告書と略）は、保育ソーシャルワークとしての保育制度論を提示した点で、注目に値するといってよい。すなわち、同文書は、次世代育成支援の基本的な考え方の１つに「専門性の確保」を掲げ、「保育所等が地域子育て支援センターとして、広く地域の子育て家庭

の相談に応じるとともに、虐待などに至る前の予防対応を行うなど、一定のソーシャルワーク機能を発揮していくことが必要である」と述べて、地域における子育て拠点として、保育所を中心とする保育施設がソーシャルワーク支援を必要としている家庭の子育て支援に積極的に対応していくことの重要性を提唱したのであった。換言すれば、保育制度は、子どもの保育・幼児教育とともに、その保護者に対する支援、さらには地域における子ども・子育て支援という役割（目標）を担うべきことが示されたのである。

　児童福祉法一部改正（2001年11月）を皮切りに、こうした制度構想はその後、学校教育法一部改正（2007年6月）や厚生労働省「保育所保育指針」改定（2008年3月）・文部科学省「幼稚園教育要領」改正（同）などにおいて具現化、具体化されることになる。すなわち、改正児童福祉法は、「保育所は、当該保育所が主として利用される地域の住民に対してその行う保育に関し情報の提供を行い、並びにその行う保育に支障がない限りにおいて、乳児、幼児等の保育に関する相談に応じ、及び助言を行うよう努めなければならない」（第48条の3）と定め、保育所の地域住民に対する保育の情報提供や相談・助言を努力義務としている。改正学校教育法も同様に、「幼稚園においては、……幼児期の教育に関する各般の問題につき、保護者及び地域住民その他の関係者からの相談に応じ、必要な情報の提供及び助言を行うなど、家庭及び地域における幼児期の教育の支援に努めるものとする」（第24条）と定め、幼稚園の家庭・地域における幼児期教育への支援を努力義務としている。また、厚生労働省「保育所保育指針」は、新たに「保護者に対する支援」を独立した章として設け、「保育所に入所している子どもの保護者に対する支援」及び「地域における子育て支援」について定めている。文部科学省「幼稚園教育要領」においても、第3章の2「教育課程に係る教育時間の終了後等に行う教育活動などの留意事項」において、「教育課程に係る教育時間の終了後等に行う教育活動」（預かり保育）について具体的な事項を明示するとともに、「子育ての支援」についても、幼児期の教育に関する相談や情報提供、保護者との登園など、具体的な活動を例示している。

　さらに、2006年6月に制定された「就学前の子どもに関する教育、保育等の総合的な提供の推進に関する法律」に基づく認定こども園の創設（同10月）にも見られるように、近年、子どもと家庭を取り巻く環境の変化のなかで、保育制度に期待される役割も、ニュアンスやトーンの違いこそあれ、深化・拡大す

る傾向にある。すでに述べたように、入所（園）している子どもの保育・幼児教育のみならず、家庭及び地域における保護者支援・子育て支援を担う役割が高まってきているのである。こうした動向は、保育ソーシャルワークとしての保育制度論のより一層の深まりととらえることができよう。

3　保育ソーシャルワークとしての保育経営論

　保育経営とは一般に、保育所・幼稚園・認定こども園等保育制度の経営をはじめ、「保育の目的を効果的に達成するための諸条件を整備し、これを連携的かつ効果的に運営する営み[11]」などととらえることができるが、ここでは、保育ソーシャルワークの視点から、その理論と問題について検討しておきたい。

　前出の2003年厚生労働省報告書は、「専門性の確保」について、一定の実務経験を積んだ保育士等を家庭及び地域における保護者支援・子育て支援を担えるスタッフとして養成していくことの大切さも述べている。この文書に見るように、近年、保育士・幼稚園教諭等保育者の「対人援助専門職」（helping profession）としての専門職性の高まりや保育者の専門性としてのソーシャルワーク能力の形成が重要な課題となってきている。すなわち、例えば、厚生労働省「保育所保育指針解説書」（2008年3月）は、保育所において、「子育て支援のため、保育士や他の専門性を有する職員が相応にソーシャルワーク機能を果たすことも必要」であり、保育士はソーシャルワークを中心的に担う専門職ではないことに留意し、現状では、保育士が中心となって「ソーシャルワークの原理（態度）、知識、技術等への理解を深めた上で、援助を展開する必要」がある、と述べている。また、文部科学省「幼稚園における子育て支援に関する研修について」（同）も同様に、「親子の葛藤や親の生き方を背景とする相談等に対応するに当たっては、発達支援に必要な人間関係や援助について学ぶことが必要となる」と指摘している。このように、保育者には、近年における地域社会の変貌に伴う家庭の子育て力の「低下」を踏まえ、保護者支援・子育て支援についてのソーシャルワーク能力を高めていくことが求められているのである。また併せて、保育者が保育現場における多様な課題に対応することができるようにするため、免許・資格、養成、研修、さらには保育施設の運営体制の整備充実が課題となっている。この点について、伊藤良高・宮﨑由紀子は、「子どもの保育及び保護者支援・子育て支援に係る保育施設・保育者の果たすべき

役割・職務を、保育とソーシャルワークが交錯する「保育ソーシャルワーク」という視点からとらえ直していくことが大切である」[12]と指摘している。

　保育ソーシャルワークとしての保育経営論という視点から、保護者支援・子育て支援において保育者に求められる資質・能力を整理すれば、以下の2つが挙げられるであろう。すなわち、1つには、現代の子育ち・子育てをめぐる環境の変化を踏まえ、特別な支援を必要とする家庭はもとより、1人1人の人間、市民、労働者としての保護者が置かれている状況や、保護者が抱えている子育ての問題・課題及び子育て支援ニーズを共感的にとらえることのできる力である。保護者の生活上の悩みや子ども・子育てに対する願い・思いをしっかりと受け止め、保護者とともに子育てに関わるパートナーとして、相互の信頼関係と協力・協働関係を築いていくことのできる力が求められる。そして、2つには、1つめのそれを踏まえ、子どもと保護者の安定した関係や保護者の子育て力の向上に向けて、保護者に対する保育に関する指導や子育て等に関する相談・助言、情報提供、関係機関・専門機関・関係者との連携など適切な支援を行うことのできる力である。親子をはじめ、地域における様々な人との関係づくりを含め、ミクロ、メゾ、マクロ各レベルにおけるソーシャルワーク実践を積極的に進めていくことのできる力が求められている。[13]

　上述した保育者の資質・能力はいかにして形成されうるのであろうか。この問いに答えることは、実はそう容易いことではない。そもそも、保育ソーシャルワークを担う主体は誰か、あるいはどこかについて、多様な議論が展開されているからである。保育ソーシャルワークの主体論をめぐっては、保育士を想定するケースが多いが、視点や論点の違いにより、所（園）長や主任保育士（教諭）、ソーシャルワーカー、ファミリーソーシャルワーカーを想定するものもある。また、保育士とした場合も、社会福祉士資格を併有する者、あるいは専門機関による一定の養成研修を経た者、と限定的にとらえる議論も見られる（詳細は、「第12章」参照）。これは、保育ソーシャルワークの専門性・固有性をどうとらえるか、さらには、保育ソーシャルワークを担う専門職としての資質・能力やその公証たる資格をいかなるものとして位置づけ、構想するのかという問題でもある。

　保育経営の観点から、保育ソーシャルワークに精通した保育者の育成とそれを支える保育施設の運営体制の整備充実を進めていくことが不可欠になっているとすれば、当面、どのような問題をクリアしていく必要があるのか。以下で

は、3点、指摘しておきたい。

　第1点は、保育ソーシャルワークの視点から、保育者に求められる資質・能力のあり方についてさらに考究していく必要があるということである。すでに述べたように、現代の保育者には、子どもの発達支援にプラスして、保護者支援・子育て支援に関する力量が求められている。しかしながら、現在、保育士・幼稚園教諭の養成にあっては、2年制での養成を前提としたカリキュラムであったり、社会福祉関係の科目がきわめて不十分であったりするなど、保育者の職域の広がりや深まりに十分に対応しきれていないことが問題点として挙げられる。子育て支援ニーズの多様化・複雑化に伴い、保育士及び幼稚園教諭もしくは保育教諭の資質・専門性のさらなる向上をめざし、保育ソーシャルワークについての専門性を持つ高度な専門職、あるいは子ども・保護者の育ちとライフコース全般を視野に入れ、子ども・家庭・地域をホリスティックに支援することをマネジメントする専門職という観点から、養成及び研修のカリキュラムを根本的に見直していくことが望まれる。それは、当然のことながら、4年制保育士養成課程の創設や大学院における養成・研究を展望するものであるが、子どもの保育・幼児教育に係る保育者としての資質・専門性をベースとした上で、保護者支援・子育て支援を中核的に担うことのできる人材（保育ソーシャルワーカー）養成を構想していくことが不可欠である。

　第2点は、第1点と深く関わるが、保育ソーシャルワークの視点から、これまで2年制の課程を前提としてきた保育士資格のあり方を抜本的に見直していく必要があるということである。近年、幼稚園と保育所の一体化・一元化や認定こども園の拡充が進展しているなかにあって、幼稚園教諭免許状と保育士資格の併有促進が進められ[14]、両免許・資格の一本化も検討課題として浮上している。こうした状況にあって、保育士としての高度な専門性を確立し、これに対する社会的な信頼と認識を高めるためにも、4年制保育士資格の創設が喫緊の課題となっているといえるであろう。すでに幼稚園教諭にあっては、「大学における教員養成」という原則のもと、普通免許状の種別化（専修、1種、2種）や1種免許状を標準とする上級免許状への上伸の努力義務化、教職大学院における高度な人材養成などが制度として定着している。こうした近接する幼稚園教諭免許状、さらには、社会福祉士資格を視野に入れながら、法制度的整備を含め、子どもの保育及び保護者支援・子育て支援に精通した4年制保育士資格のあり方について制度設計していくことが望まれる[15]。

第3点は、保育者が保育ソーシャルワークについての学びをはじめ、保育者が目標を持って学習することができ、その成果を生かすことのできる研修体制を保育施設の内外において整備確立していくことが必要であるということである。2017年版保育指針は、保育士等職員に対して、「各職員は、自己評価に基づく課題等を踏まえ、保育所内外の研修等を通じて、保育士・看護師・調理員・栄養士等、それぞれの職務内容に応じた専門性を高めるため、必要な知識及び技術の修得、維持及び向上に努めなければならない」と述べているが、こうした指摘に待つまでもなく、保育者は、自己の使命を深く自覚し、絶えず研究（専門的知識・技術・倫理等の維持向上）と修養（人間性・人格の涵養）に励み、その職責の遂行に努めなければならないといえよう。そのためにも、自己研鑽をはじめ、職場内研修及び職場外研修などについての施設内外における真摯な取り組みが欠かせない。特に施設長・主任クラスの経営トップ層は、保育者の自己啓発の動機づけや指導・助言・支援（保育スーパービジョン）に努めていくことが求められる。「学び合いの環境づくりと保育現場の活性化」をキーワードに、保育施設における運営体制の整備確立を図っていくことが大切である。

おわりに

　保育制度・経営論としての保育ソーシャルワークをめぐる課題とは何か。いま、それを一言でいえば、保育ソーシャルワークの視点からの保育制度・保育経営におけるネットワークの構築ということになるであろう。保育制度にしろ、保育経営にしろ、その本来の専門性や固有性を発揮するためには、家庭・地域社会との連携・協働や、保育・幼児教育、保護者支援・子育て支援に関わる関係機関、専門機関、関係者との連携・協働が不可欠である。これらの関係性の形成においては、子ども・保護者・保育者ら保育・幼児教育当事者が中心となって自治的に進めていくことが望ましいが、そのバックボーンとして、国・地方自治体の果たすべき役割・責務のあり方が常に問われなければならない。

注
1）　参照：伊藤良高「現代における子ども・子育て支援施策と保育施設経営の課題」、伊藤良高編著『教育と福祉の課題』晃洋書房、2014年。
2）　この間の経緯については、伊藤周平『子ども・子育て支援法と社会保障・税一体改革』

(山吹書店、2012年）が詳しい。
3) 同上、7頁。
4) 伊藤良高「初期教育制度と保育・教育自治論」、日本教育制度学会編『現代教育制度改革への提言　上巻』東信堂、2013年、92頁。参照：伊藤良高『保育制度改革と保育施設経営――保育所経営の理論と実践に関する研究――』風間書房、2011年。
5) 伊藤良高前掲論文（注4）、100-103頁。
6) 同上、92頁。
7) 中谷彪「子ども・若者の幸福と努力――「幸福に生きる権利」とかかわって――」、伊藤良高・永野典詞・大津尚志・中谷彪編『子ども・若者政策のフロンティア』晃洋書房、2012年、105頁。
8) 伊藤良高「保育ソーシャルワークの基礎理論」、伊藤良高・永野典詞・中谷彪編『保育ソーシャルワークのフロンティア』晃洋書房、2011年、13頁。
9) こうした主張はとりたてて目新しいものではなく、特に保育所については、1947年の児童福祉法制定当時から、子どもと保護者の権利を総合的に保障する社会的施設として位置づけられていた（参照：伊藤良高『現代保育所経営論――保育自治の探究――』北樹出版、1999年。同『保育所経営の基本問題』北樹出版、2002年）。かかる意味では、近年、保護者支援・子育て支援をスローガンに、制度創設当初の保育制度論（及び保育士の社会福祉専門職としての専門性）が再認識、再定位されることになったととらえることができる。
10) 伊藤良高「子育て支援の今日的課題」、鈴木正幸・加藤幸次・辻村哲夫他編著『蘇る教師のために』川島書店、2011年、358-361頁。
11) 伊藤良高前掲書（注4）、66頁。
12) 伊藤良高・宮﨑由紀子「保育ソーシャルワークと保育者の資質・専門性」、伊藤・永野・中谷編前掲書、75-76頁。
13) 同上、76頁。
14) 特に、2015年4月から施行された新制度において、新たな幼保連携型認定こども園に係る制度設計の1つとして、保育教諭の任用資格として、幼稚園教諭免許状と保育士資格の併有を原則としていることから（所要の経過措置あり）、両免許・資格の取得・併有に拍車がかかることが予想される。今後、指定保育士養成施設（保育士養成校）において、保育士資格と社会福祉士（受験）資格を取得する学生の数が減少することが危惧される。
15) 伊藤・宮﨑前掲論文、78-79頁。

第4章
保育所におけるリスクマネジメントと保育ソーシャルワーク

はじめに

　保育所は、乳幼児期の子どもを保育するという、保育所ならではの固有のリスクを抱えている。それは、乳幼児が集団で生活する場であることや、大人による保護や世話が不可欠であることに由来する。そのため、保育所保育指針第3章『健康及び安全』において示されているように、1人1人の子どもの安全の確保に努め、安全な保育の実施体制の整備に努めなければならないのである。
　本章では、保育所におけるリスクとリスクへの対応、リスクマネジメントの実際について、具体的な実践例を交えつつ述べたい。

1　リスクの定義づけ

（1）保育所におけるリスクとは
はじめに、一般的なリスクについては以下のように定義づけられている。

① 目標に影響を与える何かが起きる可能性であり、利益を得る可能性と損失の可能性の双方を含む（AS/NZS4360:1999より）。
② 「**事象の発生確率**と**事象の結果**の組み合わせ」であり、事象とは、平時に起こる出来事であり事故やケガやトラブルだと考える（ISO/IEC GUIDE73：2002）。
③ 一般的には、リスクは事故発生の可能性あるいは損失発生の可能性と考えられるが、それは狭義の定義である。同時に利益やチャンスの発生可能性もある出来事すなわち、利得、チャンスの可能性に関する不確実性もリスクと捉える（『リスクマネジメント用語辞典』）[1]。

表4-1　保育所におけるリスク

●社会的信用の失墜	●保育内容
施設・設備の瑕疵	保育の質の低下
保護者との連携の不具合	子どものケガ・発病・発熱
信頼関係構築の不出来	それへの予防対策・応急手当
個人情報取り扱いミス	保護者対応の不十分さ
保育者間のトラブル	アレルギー児への対応
保育者の児童虐待疑い	●外的要因
行政や社会資源・地域社会と	自然災害
の連携・関係性の希薄	事件や第3者に起因する事故

　では、「保育所におけるリスクとはどのようなものを指すのか」と職員に問いかけたとする。寄せられる回答から、その職員の社会的立場が推測できる。例えば、保育士であれば、子どもの安心・安全の確保やそのための保育内容、管理栄養士や調理員であれば、離乳食や体調不良児・食物アレルギー児童への食事提供、看護師であれば、トータルヘルスケアとして日々の健康管理、感染症対応などが解答として挙げられるだろう。また、理事長・施設長など施設運営を業務とする立場であれば、施設の社会的信用や職員管理、園児の安全・安心など、メゾレベルの回答となるだろう。このように、保育所におけるリスク事案は多岐にわたるため、総合的な施設の現状を把握することが必要となる。

（2）リスクマネジメントについて

　リスク（risk）とは事故の可能性である。日常の中に潜在する危険や、不慮の事故、大きな危険や災害、信用失墜、第3者から一方的に受ける被害や不利益などのすべての可能性である。ここでは、保育所の日常に起こる事故例を用いて、リスクマネジメントを意味づけしたい。例えば、Aちゃん（1歳児）が段差のある場所でバランスを崩しこけてケガをしたとしよう。このケースにあてはめると──

> 園長（の対応）
> 　先ほど担任から、「Aちゃんが段差のある場所でこけて、両膝を擦りむいた」と報告があった。Aちゃんがこの場所でケガをするのは今月に入って3回目だ。いずれもかすり傷で済んだが、ケガが続いているので、保育上の配慮が必要と思われる。担任を呼んで今後のAちゃんへの保育について話し合った。

事象（ケガ）とは、転倒事故の発生をさす。
　発生確率とは、転倒事故が起こる確率。Aちゃんの今月の転倒受傷件数とか、先月の1歳児クラスの転倒事故発生件数とか、他クラスとの比較、転倒場所の比較、対前年比などのデータから導き出される様々な事項である。
　結果とは、転倒事故によるケガの程度。骨折、縫合処置、打撲、かすり傷などその程度の大小である。
　では、リスクがあることが分かった時、現場ではどのようなフォローがされるのだろうか。様々な視点で事故発生の予防対策があがるだろう。担任は、活動場面で、手を添えたり見守ったりという配慮をする。園長は、階段は安全であるか、保育士の配置は十分であるかなど総合的な視点で検討するだろう。このような日常に行われている保育の見直しを、組織的・科学的・合理的に行うこと、（リスク克服に関するマネジメント，ノウハウ，システム，対策など）がリスクマネジメントである[2]。

2　安全と安心を提供できる園づくり

　保育所は、子どもの危険な状態の回避のために、①日常の安全管理（セーフティマネジメント）、②災害への備えと避難訓練、③事故防止マニュアルの整備と事故予防、④危機管理の4項目の実践に努めなければならないとされている[3]。保育所は、リスク克服のための管理・手法・体制・対策等を行うこと、すなわち、施設の安全管理と予防対策の実践が責務としてあるといえる。リスクマネジメントシステムの導入について手順を追って理解を深めたい。

（1）導入目的の確認

　リスクマネジメントシステム導入の際には、なぜリスクマネジメントに取り組むのかという目的の確認を全職員で共通認識したい。目的の第1は、子どもや保護者、保育所に関わる人への損害を軽減し、ゼロに近づけることである。第2は、それによって保育の質の向上を目指すことであり、より良い組織への改変として位置づけること。第3は、コストパフォーマンス（費用対効果）である。費用対効果が高くなる理由とは、例えば、子どもが大きなケガをすると痛く辛い思いをする。保護者も辛い、保育士ももちろん辛い。また、保育所は適切な対応が取れなかったという社会的責任を問われる。このようにダメージが

大きい。それと比して、日頃から事故防止のための保育の工夫、施設環境の整備、職員研修、などを行うことは、被害を最小限に食い止め、心的・物的（コストなど）な負担の軽減につながるからである。

　導入は、トップダウンで行うのではなく、全職員が前向きに参画する姿勢で臨めるように企画したい。また、報告することの大切さを全職員で意識化することも必要である。事故を報告することは、自分のミスをさらけ出すことである。自ら招いた過失について責任を問われると考えると、職員は叱責や処分を回避したいため報告しなくなり、報告書を作らなくなる。現場の大切な情報が隠れてしまうと、リスク対応が後手になるという事態を招く。それを防ぐためには、事故に対する前向きな考え方「リスクマネジメントの視点」を共有することが大切になる。「改善のためには報告する」、その行為が評価されるのだと共通理解することである。これにより、報告をあげやすい職場の風土作りが可能となる。多くの報告書から園の事故傾向を導き出し、対策を打つことができる。リスクマネジメントに取り組む職員の積極性が保育の質を向上させるのである。

（2）人はミスを侵してしまう存在である
　リスク要因の分析方法にはSHELLモデルによる分類や、4M-4Eモデルによる分析などがある。保育の実践場面におけるリスクの多くはL（ヒューマンエラー）が要因となっていることがわかっている。[4]「人はミスを侵してしまう存在」なのである。よって、このことを共通認識した上で保育士の意識の向上を目指すことが重要になる（詳細は（7）へ）。

（3）報告をあげる、報告書（事故報告書、ヒヤリ・ハット報告書）の提出
　リスクマネジメントには2つのステップがある。
　①事故を未然に防ぐために、事故の要因となるものをできる限り取り除く。できない場合も、保育する上で意識化して配慮することによって、事故の発生をゼロに近づける。事故が発生しても軽くてすむようにする。
　②事故が起こった時には、適切な対応をとる。誰もが予測しなかった事故に遭遇した場合、それが大きなケガや事件、大規模な災害であればあるほど対応に迷いが出てしまう。また、子どもは予測できない行動をとることが多々ある。様々なケースを想定して対応できるように備える。

この2つのステップを確実に実行するためには、データとなる報告書が必要である。保育という日常業務をこなしながら報告書を作成し提出するには時間と労力が必要で、手間なものである。しかし、記録として残すことは業務の一環であり義務でもある。正確な記録を作成することで、何が起こったのかを関係者（当事者や全職員、保護者）が共有でき、誠意ある対応や今後の施設改善につなげることができる。特にヒヤリ・ハット報告書を集計し分析することが、予防するという大きな成果になっている。

（4）システム作りと実働（データの収集と分析）

　リスクマネジメントの組織づくりと取り組む担当者（複数）を決める（リスク

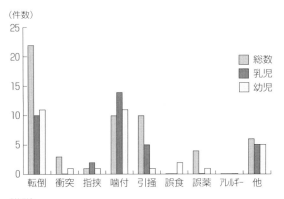
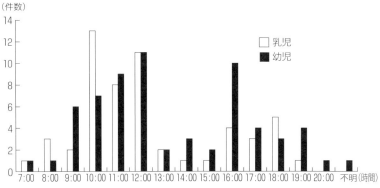

図4-1　事故の発生する要因・時間別事故発生件数

出典：前田佳代子「保育園におけるリスクマネジメントの取り組み」『第47回全国保育研究大会』、2003年。

マネジメント委員会およびリスクマネージャーの設置)。

　リスクマネージャーには5つの機能があるとされている。情報管理機能、コンサルティング機能、コーディネート機能、アドバイザリー機能、フィードバック機能である[5]。リスクマネージャーにはこのように多角的な機能を使いこなす専門性が求められる。また委員会は、組織の中で、独立性が担保されるように位置づけることが重要である。報告書の提出が常態化すれば、提出された報告書からデータの収集と分析を行う。これが次の対策(改善)へのステップになる。

　これから例示するのは、ある保育所が報告書のデータを収集・分析したもので、明らかな傾向が読み取れる。

　分析結果：保育所における事故の種類とは、転倒が最も多く、それに次いで、噛みつき、ひっかき等が発生している。与薬やアレルギー対応などの1つ間違えれば大きい事故につながるリスクも頻度は少ないがあがっている。

　事故の発生時間は、乳児なら10時台、12時台、幼児では11時台、16時台が多く、いずれも、あそび〜昼食〜午睡へ活動が移行する時間帯、遅出保育に移行する時間帯であることが読み取れた[6]。

(5) 優先順位をつける

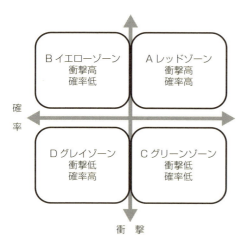

図4-2　フィンクFinkのリスク予測図
出典：亀井利明『ISO31000：2009リスクマネジメント解説と適用ガイド』リスクポジションに対する対応原則　2013をもとに筆者が簡略化した。

　リスクマネジメントの仕組みが浸透し始めると、いくつもの報告書があがってくるが、すべてのリスクを一斉に解決することが不可能な場合がある。その際は優先順位を決めることになる。これは、保育所は保育という日常業務を行いつつ、リスクマネジメントにも取り組んでいるわけで、子どもへの保育を最優先に行うと、解決のために費やする人員や時間、資金などには限界があるからである。

　前述の定義にあったように、リスクの大きさは発生確率と発生結果（規模）により評価される。事

故を評価し、優先順位を決める基準の１つとして活用できるのが**図４−２**である[7]。縦軸が事故の発生規模の大小を表し、横軸が発生頻度の多少を表している。

　Ａ評価の事故は、最優先で回避（対応）すべきリスク。Ｂ評価やＣ評価の事故は、発生頻度を減らす、規模の軽減を図ることでＤ評価となることを目指すリスク。Ｄ評価の事故は、適切な対応をする必要はあるが、ABCと比して影響力が小さいため許容範囲であると判断して保有するリスクとされている。

※保育環境の再構築や施設の改善に向けたリスク評価の例

　事故の発生頻度やけが等の程度を考慮して、改善の優先順位を決めていくため、一時的に施設瑕疵と共存することもある。

---

① すぐに改善したい例
- 外開きの扉
  リスク：スタッフエリアから保育所廊下に戻る扉に窓がなく、外開きである。扉前に人が立っていた場合に衝突・打撲のリスクがある。
  対策：ノックしてゆっくり開けるように周知するとともに喚起注意事項をドアに貼る。
- 複数の時計
  リスク：示す時間が微妙に違っている。業務上、統一したい。
  対策：定期的な時計チェックを業務マニュアルに組み込んだ。
  対策２：順次電波時計に替えていく。

② 後回しになりがちな改善例
- 長雨で園庭に段差ができた
  リスク：乳児が躓きやすい。
  対策：活動時に子どもに知らせる。見守る。
  対策２：週末に土を盛る。

（６）PDCAサイクルによる改善の進め方

　PDCAサイクルとは、P（プラン Plan）→ DO（ドゥ Do）→ C（チェック Check）→ A（アクション Action）の４つのステップを１サイクルとして、このサイクルを継続的に回し続けることで保育所が改善され、保育の質が向上するという考えである（進め方については**図４−３**参照）。

　具体的な改善策としては、①保育内容の見直しや再確認、②保育の工夫、

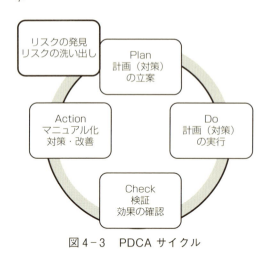

図4-3　PDCAサイクル

保育環境の見直し、③保育の手順書やマニュアル作りや改善、④職員研修などで、現場の状況に合わせて行う。

(7) 職員の意識化

　職員のリスク意識の構築のためには、日々の保育の省察や研修などが有効である。N保育園における省察では、リスク（事故）発生は以下の12の要因によることがわかった。また、1つのリスクには複数の要因が重なり合っていること、保育者自身の保育の見直し（評価・反省）が欠かせないこと、保育者のリスク意識の構築は保育所保育の質の向上につながっていくことがわかっている[8]（研修「保育士の意識化」参照）。

　結果として5項目が事項発生予防につながることが明らかになった。①安全な保育環境の設定と再構築、②リスクを予測する力、③マニュアルの周知徹底、④園児・保護者への安全教育の推進、⑤研修等を通してリスクへの意識を育てることである。また、保育を行う上で、1人1人の発達状況や発達特性の把握は大切にしたい項目となった。[9]

研修　保育士の意識化

① 『全体を見る意識』保護者への連絡をしつつ、園児全体の活動を把握できていたか

② 『保育士の立ち位置』保育士の立つ場所や角度を少し工夫すれば園児それぞれの活動を把握できたのではないか

③ 『職員の連携』声を掛け合っていたか、担任同士で業務の分担と協同化がなされていたか

④ 『業務マニュアルの遵守および見直し』ルーチン業務や手順に沿った実施や、マニュアルの周知ができていたか

⑤ 『保育環境設定』遊具等の事前点検、職員配置は適切だったか

⑥『1人1人の発達状況や発達特性の把握』歩行の完成度やアレルギー食対応、肘内症を起こしやすいなど園児個々について把握していたか
⑦『リスクを予測する力』遊びの危険を予測し、この後をどう援助していくのか
⑧『園児と保護者への安全教育』園児にルールを伝え、安全で楽しい遊びを展開する
⑨『保育計画・保育内容の見直し』日案が適切であったか、計画は十分に練ったものであったのか、事故の原因となったのではないかという振り返り
⑩『職員の反省意識』職員のリスクの意識化
⑪『制度・運営上の問題、その他』システムに問題がないか、などである（重複あり）。
⑫その他

3 事故発生後の対応

(1) 事故後の対応策

　ケガ発生時の対応、災害時の避難、不審者への対応などそれぞれに対応マニュアルやチャートが必要になる。また、大規模な事故発生時は、リスクマネージャーが核となり、迅速に適切な対応を取ると同時に、外部との協力体制を取る。保育についての情報開示は法的に求められているため、外部へ情報提供するケースも出るだろう。その際は混乱を避けるために、施設長・リスクマネージャーが連携し、窓口の一本化を図りたい。

(2) 苦情解決

　リスクマネジメントの重要な役割に苦情解決がある。
　保護者からの苦情は「クレーム」と捉えがちであるが、「提案」と置き換える発想の転換をすれば、感謝して受け止めることができる。園の保育の至らなさや脆弱な仕組みに気付かせてもらえたわけで、まさしく「苦情は宝」である。園に対して関心や期待感があればこその苦情である。受容や傾聴、共感・相手の気持ちに寄り添うという姿勢で受け止め、PDCAサイクルにのっとった分析・改善を行うことでスムーズな解決が見込める。

4　リスクマネジメントとソーシャルワーク

　川村匡由は、『施設マネジメント論』の中で、社会福祉の領域における施設マネジメントについて、「リスクマネジメントなどに代表される財務、法務、および人事労務管理を包含したマネジメントが求められている。」と述べ、ソーシャルアドミニストレーションの円滑実施のためには、リスクマネジメントの機能が必要としている。保育ソーシャルワークとリスクマネジメントの関係性について、ここで簡潔に述べることはできないが、緊密な関係性は見出される。保育所が子どもの特性や家庭的背景に配慮して保育にあたる時、どちらの技術・技法も援用していると思われる。そこには保育所固有のリスクがあるわけで、リスクマネジメントの視点で予防対策を整えたり、ソーシャルワークの技法を援用して取り組むのである。いずれにしても、効果がある技法を用いた柔軟な援助を行いたい。

注
1）　亀井利明監修『リスクマネジメント用語辞典』同文館出版、2004年、128頁。
2）　同上、161頁。
3）　厚生労働省編『保育所保育指針解説書』フレーベル館、2008年、154頁、167-168頁。
4）　前田佳代子他「保育園におけるリスクマネジメントの取り組み」『日本保育学会第57大会』、2004年。
5）　全国社会福祉施設経営者協議会編『福祉施設におけるリスクマネージャーの実践』全国社会福祉協議会、2008年、45-46頁。
6）　前田佳代子「保育園におけるリスクマネジメントの取り組み」『第47回全国保育研究大会』、2003年。
7）　亀井利明『危機管理とリスクマネジメント』同文館出版、2001年、69頁をもとに著者が作成。
8）　前川絵美他「保育園におけるリスクマネジメントの取り組み3」『日本保育学会第58回大会発表論文集』、2005年。
9）　前田佳代子他「保育園におけるリスクマネジメントの取り組み5」『日本保育学会第60回大会発表論文集』、2007年。
10）　川村匡由『施設マネジメント論』ミネルヴァ書房、2010年、6-8頁。

参 考 文 献

伊藤良高他編『保育ソーシャルワークのフロンティア』晃洋書房、2011年。
河鍋鼇編『保育の安全と管理』同文書院、2008年。
関川芳孝『保育リスクマネジメント講座』全国社会福祉協議会、2009年。
田中哲郎『保育園における事故防止マニュアル』日本小児医事出版社、2002年。
津田耕一『福祉職員研修ハンドブック』ミネルヴァ書房、2011年。
Frank. H. Hawkins、黒田勲訳『ヒューマン・ファクター』成山堂書店、1992年。

第5章
子育て支援における保育ソーシャルワーク

はじめに

　今日、子育てに関連した領域が「子育て支援」をスローガンに唱えている。子育て支援の担い手は保育士や幼稚園教諭のみならず、小児科医、精神科医、保健師、臨床心理士、ソーシャルワーカー、ボランティア等に拡大している。
　子育て支援には様々な方法や理論がある。他職種が子育て支援に参加するのはよいが、有機的に結びついていなければ利用者は混乱するだけである。子育てコーディネーターにも注目が集まるが、子育て支援の担い手の原点は、保育士における子育て支援能力を引き上げる事が急務だと考えている。その中心的役割が「保育ソーシャルワーク」である。
　子育て支援学の基盤理論は、心身の発達を理解するための理論であり、筆者が全国保育士を対象に行った子育て支援ニーズの現状調査でも、子育て支援のための「発達に関する知識の必要性」が現場保育士から求められていた。心の発達理論を基に、母親が抱えている子どもの心の状態を説明するだけの能力が、子育て支援を行う保育士には必要となる。発達に関する理論は、子育て支援における基盤理論と言えよう。本章では、最初に発達に関する理論の概略を述べる。
　現代は発達障害児が増加し保育所場面でも彼らに出会う。彼らの行動特徴や心理的特徴についての知識が保育士に十分に行き届いている状況ではない。子育て支援では早期発見や早期介入のための発達障害や愛着障害の知識が不可欠である。
　児童虐待の増加の背景には発達障害と親の相互作用、家族関係の問題等が影響してくる。児童虐待の防止、早期発見は子育て支援における中心と言える。地域連携による予防と早期発見、早期介入が叫ばれているが、それを実践する

事である。

　子育て支援は母親だけを支援すれば済む事ではない。複雑な母子関係の背景には夫婦葛藤や家族葛藤が隠れている。筆者は国際結婚における子育ての問題調査を行い、家族理解の重要性を再認識した。伊藤利恵は保育所保育士を調査し、家族支援では他機関連携が重要である事をテキストマイニングから導き出している[1]。

　このように保育士には家族を理解して支援するための理論は、子育て支援学の理論であると言えよう。現場ではいかに保護者を援助するかという問題が浮上する。現状調査でも「相談のための知識や技術」が現場保育士に求められている。発達障害、愛着障害、被虐待児への対応においても他機関との連携が必要であり、むしろ子育て支援の保育所保育士に求められる機能は、ソーシャルワークが持っている「ケースワーク」「グループワーク」「コミュニティーワーク」の3機能を踏まえた保育ソーシャルワーク機能を中心に子育て支援に必要な援助技術を整理する必要がある。

1　ケースワーク

　リッチモンドが体系化したケースワークの理論と技法は今日のソーシャルワークの中心的技法である。ケースワークは、事例（母親、家族、子ども）を社会的・経済的側面、心理的側面、身体的側面から理解して援助する内容である。その意味において狭義の「心理療法」とは異なる。ケースワークには発達に関する知識、発達障害と愛着障害、児童虐待、家族理解も含まれる。保育所保育士は子どものみならず、母親について、経済的背景、地域・生活習慣等理解し支援を行う必要がでてくる。他職種の専門家と保育士が連携し互いに理解しなければならない。心理的支援よりも経済的支援が必要な親子はいる。経済的不況が続く今日、「貧困」のため新たな問題が浮上し、その犠牲になる子ども達も少なくない。貧困のために身体的に成長していても心理的にケアされてない場合もある。筆者が示した「保育所保育士による家族支援――27例のケース検討会」[2]は、すべて子どもと家族の間に深刻な問題を抱えていた。他機関連携で地域の保健センターや福祉事務所、児童相談所、医療機関等連携を取り対応したが、子どもの取り巻く生活状況そのものが、難しいものであった。以下子どもや母親に接する時に必要な心得を述べる。

（1）共　感

相手の立場に立ち、その人が見たり感じたり、考えたりするように支援者も考えたり感じたりする事である。理解できた事柄を伝える事でもある。顔の表情等に出してにっこり笑うことや態度も含まれており、非言語的な方法も大切である。母親のストレス、不安、母親の置かれている家庭状況を理解する事が親支援における共感である。

（2）暖かさ

暖かさは、相手の状況を受け止め思いやりを示す事である。基本的に暖かい人は相手に自分の考えを押し付けたり、自分の利益のために他者を利用したりする事がなく、相手の成長、問題解決等に関心を持つ。このような態度が示されると必然的に安心して自分の持っている問題を考える事ができる。祖父母、親や姉、友人になったような気持ちで暖かさを伝える事でもある。

（3）純粋さ

純粋な支援は、心を開いて相手に防衛的態度を取らず、話す言葉の調子や表情も心と一致する。気持ちを正直に見つめる努力も必要で、相手の思いを繰り返し伝える事で理解が深まる。親支援上で重要な事は、純粋に偏見なく相手の話を聞く事である。

（4）挨　拶

出会いは普通の人間関係から始まり、支援者と利用者同士の間に暖かい関わりと信頼関係が自然に生まれてくる。保育所における親への言葉がけから始まっている。

（5）面接時間

事前日時を決め面接時間も通常40分から50分程度に決めて置く。初めての相談利用者には、誰が対応するか面接時間の予約確認を伝えておく事も重要である。保育所内であれば、子どもを預かっている間に面接時間を設定する事ができる。

（6）何から聞くか

「抱えている悩み事」「相談したいこと」にふれ面接を行う事が大切である。勇気をもって悩みを打ち明ける親も多く、「随分迷われた事でしょう」「ご相談には抵抗があり悩まれたでしょう」と心の内や思いにふれていく事が重要である。

（7）傾　聴

相手の話す事を丁寧に聞きながら、相槌を打ったり、相手の話す内容に応じて喜びや驚きを表し、時には相手の話す内容を繰り返す事で自分の問題を知る事につながる。相手が感じている思いを正しく受け止める事が大切である。

（8）感情の発見と反射

支援者は利用者の話す気持ちや感情に留意し「お母さんはこのように思っているのですね」と返す事も重要である。幸せ、怒り、悲しみ、恐れの4つを使い分け、支援者が大切な感情であると手短に伝える事が大切である。

（9）沈黙の尊重

面接場面で示す沈黙は、不安や戸惑い、恥ずかしさを含める事が多い。相談が進むと沈黙は、利用者の依存的傾向や抵抗等様々な感情を呼び起こす。肯定的な沈黙は、一緒の安心感の表れとも言われる。感情が出ている場合等の沈黙もある。沈黙を大切にしながら保育士に受け止められたと思えるようにする。

（10）転移と逆転移

保育士と母親の間に幼い時に経験した経験（できなかった親子関係の関わり）に近い関係を味わう事がある。保育士に向けて親のように甘えたり、依存したり、助けてもらおうとする、同時に親への不満や怒りを保育士に爆発させる事がある。このように自分が幼い時の親子間で経験した心理的事柄を、支援者との関係に持ち込むことを「転移」という。こうした母親の転移に保育士が反応したり保育士の過去の人間関係が母親との間にできたりする事を「逆転移」という。保育所保育士のケースワークに対して、スーパービジョンや事例検討が必要になる。スーパービジョンで検討されるべき事は①子ども自身の問題、②親の問題、③保育士自身の関わり方や自己の感情についてである。スーパーバイ

ザーの役割は大学の専門家、精神科医、小児科医、臨床心理士が担う事が最適だと考えている。筆者の所属する子ども家族支援センターでは、近隣の保育所にアウトリーチを行い、現場の保育士の相談に対応する。それはインフォーマルではあるがスーパービジョンの機能を担っている。筆者は保育活動中に保育士が見つけた子どもの問題行動と子どもが示すサインから気づいた事項と家族背景や家族関係の関連性を意識して、保育士に向けたスーパービジョンを行っている。[3] 保育現場が必要とする援助内容を分類しデータ分析結果からは、多問題家族に向けた支援と介入・役割について必要性が伺われた。

2 グループワーク

グループワークは意図的に作られた小集団を対象にしたソーシャルワークの技法である。この技法は、子どもの集団を扱う際、母親集団を扱う際でも必須になる。筆者は子ども・家族支援センター「親子ふれあい教室」で行った母親の気分状態に与えた調査研究では、「育児不安に悩む母親を対象に集団である親子」がふれあう場と親子が関わる遊び、相談できる場を提供し、育児不安の解消支援を行った。[4] 孤立親子に同様な親子が出会い、母親同士が仲間作りを行い、同じような悩みを共有でき、一緒に語り合いができ、互いに励ましあう関係性や共通体験を得る事で、気分状態の改善が実証された。Aさんは障害の子どもを連れ、本学の親子ふれあい教室に参加したが、馴染めず子どもが泣いて活動ができない状況にあった。グループの母親達は温かくその親子の状況を受け止め、母親には安心できる言葉をかけていた。母親はグループに受け止められると同時に子どもの障害と向き合い、子どもとともに歩み始めた。親子ふれあい教室は、5組から6組の親子で小集団であるが、母親達は活動を楽しみに通い、仲間に会うために時間に集まってくる。子どもたちも毎回顔を合わせる体験が自然に子ども同士のふれあいとなり、親子にとって楽しい場と仲間づくりになった。

グループワークの目的は、小集団を対象にしたもので、社会福祉援助活動になる。重要なのは、参加者による相互援助ができる事で、参加者同士のメンバーによる支えや人間関係から生まれる絆が集団の力動に大きく影響を及ぼす。信頼できる人間関係へと発展し互いに支えあう支援となることも実証された。

子育て支援を担う保育士には、子ども集団を含め、母親集団をコーディネー

トするための技法が必要になる。グループワークや集団療法には、母親が話しやすい雰囲気づくりの導入が子育て支援を行う保育士に最初には考える事柄となる。

3 コミュニティーワーク

　地域子育て支援では、柏女霊峰が地域に密着した子どもの養育機関である保育所の役割の必要性を述べている。保育所は地域の母親達が集う場所となり、利便性や生活への密着度から子育て支援のための地域ネットワークの拠点になるからである。対応に苦慮する多問題を抱えた家族ケースについては筆者が定期的（2001年10月～2003年3月まで、月1回から2回、約1時間30分）に保育所保育士に対し、事例検討にスーパーバイザーとして参加した。この時ケース検討を行う事で、多問題を抱える家族への取り組みについて等新たな保育士の役割と課題を論文で報告している。

（1）地域ネットワークづくりの目的を明確にする
　子育て支援のおける地域ネットワークの中心は、児童虐待の防止や早期発見である。児童虐待は家庭の中で起こりしかも密室であるがゆえに発見しにくい。これを早期に発見し、適切な対応を実施するには、子育て家族と地域との境界がオープンになり、地域で子育て状況を把握し、支援できる体制を作る事である。保育士は所属する保育所設置の地域の特性や伝統、文化を理解し、生活する家族や親戚等の関係性の特徴を知り、何を目的にした子育て支援を行うのかを明確にしておく事が求められる。虐待の早期発見に焦点化するのか、親同士の交流を目的とするのか、地域のニーズにあった地域子育て支援の目的を明確にする事も必要である。

（2）行政の指針を把握しておくこと
　子育て支援の機運の高まりから、行政は様々な指針を出している。示された指針を理解して対応していく姿勢が求められる。2005年、児童相談所が中心となり主任児童委員を対象に、児童虐待に関する専門的な研究を行い、修了者を対象に登録方法をとった。又地域ネットワークを構築整備として「家庭支援体制緊急整備促進事業」が作られた。2002年は、地域住民を対象に現在居住してい

る市町村域で、医療、保健、福祉、教育、司法、警察等の関連機関や団体が情報公開を行う等対処方法にむけた検討を行うための経費の助成がなされた。このように地域に向けた多機関連携が具体的に行われるようになり、総合的な支援体制が整備されたことは、地域で見守り、育児不安を解決する方法、虐待予防システムを作り上げていく事につながる。このことは、育児相談を通じて得られた結果として、親子の健康状態や育児不安群から虐待傾向のグレーゾーン、虐待等を早期に発見する支援に通じていた。

　2002（平成14）年厚生労働省は虐待予防施策として、乳幼児をもつ子育て中の親を対象とした事業「つどいの広場」の創設を推進し始めた。マンションの密室で育児を行い孤立しないような、気軽に集まり心地よい雰囲気の中で、互いに話しをする機会をもち、精神的に安定した関わりがえられることでも違ってくる。こうした行政事業を十分に把握し、保育所として協力できる事を明確にしておく必要があろう。

4　子育て支援における保育ソーシャルワークの実践
―― 高崎健康福祉大学子ども・家族支援センターの活動 ――

　筆者が勤務している大学内に設置している子ども・家族支援センターでは、2006（平成18）年文部科学省のオープンリサーチセンター構想の助成金を生かした地域子育て支援事業を「子ども・家族支援センター」（以下、当支援センター）親子ふれあい教室を定期的に開講し子育て支援の一助を担っている。現在9年目を迎え、地域貢献の一貫として4学部7学科を超えた取り組みで専門性を持った有資格者大学専任教員（小児科医、児童精神科医、精神科医、精神保健福祉士、看護師、保健師、助産師、管理栄養士、薬剤師、保育士等）によるミニレクチャー「育児講座」を親子ふれあい教室の中に取り入れた。月曜日から木曜日まで午前中10:45～12:15まで行っている「親子ふれあい教室」に参加してくる親子の多くは、悩みを抱え、近くに相談相手がいない第一子を抱えた母親たちである。当センター開設当初より、寄せられる相談内容は、子育てに関する相談が大多数であった。「子どもとどのように関わってよいか、わからない」「子どもと遊べない」「泣かれると困る」「自分と子どもとの関係が上手く築けない」「子どもの発達が遅れているのではないかと思う事がある」等子育てに関する強い不安と、母親自身の気持ちが揺れて不安定な状況に陥っている事が、母親達の言葉から理解する事ができた。母親達が抱えている子育て不安の解消には、「親子」

を視点に入れた取り組みが必要であり、「親子ふれあい遊び」と親自身の育児不安を解消するための「相談機能」を組み合わせた支援プログラムが必要であった。

　学生参加は教育目的に当てはまり、事前に支援センター機能を説明し、守秘義務等の同意書を記述させたのち授業の一貫として保育・教育コース３年生64名を子育て支援前期の活動として参加させた。年齢別に分けた１グループ、５～６組の親子（計10名～12名程度）の１年間の年間スケジュールを計画し継続して活動に参加しグループの凝集性が高まる企画と、事前に親子には、支援センター機能を説明し、研究や教育目的にアンケートをとる旨、同意をし、承認を得た親子を対象に活動を開始した。具体的な親子遊びは、季節の歌を２曲用意しリズム楽器に合わせて親子と歌い、歌った後母親の膝にのり、リズム遊びを行う遊びを計画した。その後親子が10分程度で完成できる簡単な制作活動を取り入れた。母親が作る姿を見ながら、子どもたちも一緒に制作を楽しみ、２人で作った作品を自宅に持ち帰って、父親に見せる等親子が楽しんで遊び、家庭でも話題になるような親子遊びを行った。相談支援では、専門性で有資格者である本学教員による「育児講座」を取り入れた。母親たちが車座になり教員を囲み、自由に質問する方法を取る事で、母親達は、気心知れた仲間同志となりリラックスした雰囲気中で日頃悩んでいる問題解消に向けて支援を行うことができた。相談内容は次のとおりである。「病気の際の子どもが薬を嫌がって飲まない、薬の飲ませ方」、「野菜嫌いなため一切口にしない、子どもへの食育指導」、「親子の関わりで簡単にできる方法、絵本を通じて」、「妊娠時期の健康管理と日常生活の過ごし方」、「子どもの発達の理解、病気の予防について」「子どものこだわりや発達の課題がある場合の関わり方等」、これらの具体的な相談内容については、個別支援が必要な場合別途で相談を行い、特に就学前の発達支援が必要である場合は、行政機関と連携をとり母親支援を行った。「親子ふれあい教室」修了後は、自治体の発達相談機関への連携、また幼稚園の連携等を行い、アフターケアを行っている。実際に市町村には「子育て支援総合コーデイネーター」の配置を行う等、子育て中の母親のために、気軽な相談相手であるための「育児サポーター」のリーダー等人材育成、ボランティア活動等を行っている地域も増えている。

5　子育て支援のカリキュラムの体系化

（1）保育士養成カリキュラムの現状

　平成20年3月28日改定、平成21年4月1日施行厚生労働省告示第141号保育所保育指針が示された。その第1章総則趣旨では、各保育所の実情に応じて創意工夫を図り、保育所の機能及び質の向上に努めなければならないとされ、保育所の役割について、児童福祉法（昭和22年法第164号）第39条の規定に基づき、「保育に欠ける子どもの保育」を重視したが、2012年子ども・子育て支援法においては「保育の必要性」として就労、求職活動、就学、同居または長期入院している親族の介護・看護・兄弟姉妹の小児慢性疾患に伴う看護などや虐待やDVのおそれ、育児休業取得時にてすでに保育を利用している子どもがいて、継続利用が必要である等、入所する子ども及び親にむけた支援内容になった。保育に関する専門性を有する保育者が、新たな制度の中で、入所する子どもを保育するとともに、家庭や地域の様々な社会支援の連携を図り、入所する子どもの保護者に対する支援及び地域の子育て家庭に対する支援等行う役割を担う事が保育所に求められている。

　従来保育所保育士は、「保育所の役割及び機能が適切に発揮されるように、倫理観に裏付けられた専門的知識、技術及び判断をもって子どもを保育するとともに、子どもの保護者に対する保育に関する指導を行うものである（保育所保育指針から一部抜粋）」と明確化された。文部科学省や厚生労働省は、深刻化する子育て問題の解決策として新たに必要な施策を打ち出している。実践現場に携わる保育士養成教育の方向性について同様に検討を重ね始めているが、子育て支援についてのカリキュラム指針もその1つである。ある程度養成校に任されているが、子育て支援については養成校も様々であり、大学によっては、「子育て支援論」、「保育方法論」被虐待児童への対応を考慮した「特別な支援を要する子どもへの支援論」等がある。多くの大学では子育て支援についてカリキュラム作りは、これからで重要な課題になっている。

　国の動向は、平成11年保育所保育指針改訂実施から始まり、平成13年には、保育士養成課程検討委員会で『今後の保育士養成課程等の見直しについて（報告）』があった。その後新たなカリキュラムとして、従来なかった家族や子育て支援を視野にいれた援助系演習科目「家庭支援論」や「相談援助」「保育相

談支援」が必修科目に加わり、保育士養成は大きく変化した。このことは子育て支援に関わる知識並びに技術を重要視したものと考えられ、子育て支援に力を入れたものとして捉えられることができる。

(2) 保育士養成と課題

　保育サービスの質に関する調査には、保育士資格のあり方、就業年限やカリキュラムなど保育士養成課程のあり方の検討、保育士試験のあり方をふくめた保育士養成についての全般的な研究を大嶋が行っている[7]。調査結果によると必要な科目は、施設側のニーズと養成校のカリキュラム内容はほぼ一致している。家庭支援論、発達心理学、障害児保育、相談援助、保育相談支援等、技術の充実は今後一層必要であること等が指摘されていた。保育現場が必要とする科目内容は、相談援助技術で、高度な保育技術である心のケア、障害児保育、養護、病児・難病等子育て支援対応が示されていた。4年制保育士養成課程のステップアップの仕組みが、必要であると考えている養成校が8割を超え、保育現場における4年制保育士養成の必要性が示されている[8]。

　幼保連携型認定こども園においても、保育所と幼稚園の機能をもち、地域子育て支援事業の一端を担う内容になっている。この機能に添った子育て支援に特化した科目の必要性が伺われる。筆者が行った子育て支援の現状調査、実践した子育て支援内容から子育て支援学のカリキュラムを考案している[9]。この調査研究では、保育士が子育て支援に必要な知識と技術は「カウンセリング」であった。又、保育現場が必要な科目では「相談援助技術」を挙げていた。すなわち具体的な保護者への相談方法や対応には、これらの科目を盛り込んだカリキュラムの充実が望まれていた。「家庭支援論」はその1つである。精神保健を含む子どもの心身の発達に関して「小児保健」、発達障害や愛着障害について学ぶ「発達心理学」は必須である。「保育計画と評価」は保育課程、指導計画、評価等を扱うだけではなく、地域ネットワーク構築等地域アセスメントや構築ができるような学習内容が必要になる。保育所保育に限らず児童養護施設や乳児院など児童福祉施設における計画と評価等を含めた個別支援計画が立てられる能力も望まれる。

　大嶋は、4年制養成課程の提案で、「家族援助演習」は保護者支援の具体的な方法、地域子育て支援を構想に入れている。具体的支援として保護者に出会う場や保護者理解、親理解や家族理解のための理論が必要だとしている。高崎

健康福祉大学の子ども・家族支援センターで開講された「親子ふれあい教室」では、理念に対応すべく子ども教育の学生や看護学生を子育て支援の場面に参加させて、母親への相談や遊びを支援しながら健全な親子関係を学ぶ演習に位置づけている。地域に目をむけて協働する「地域福祉」も地域の子育て支援も保育士には必須となる。

（3）実習における配慮

保育士養成校の実習では、子育て支援の力をつける事ができない。現在の実習では子どもとは関わるが、保護者との関わりを学ぶ機会がない。保育機能が多様化し、保育士の業務も複雑化し、就労場所も広がりを見せているため、長期実習や子育て支援のための実習の必要性が問われている。子どものみならず家族の問題等を検討するための保育ソーシャルワークを習得する事は保育所保育士には必須であり、ケースワーク、グループワークを習得するための演習プログラムでは、ロールプレイや相談場面の模擬面接、子育て支援の場や支援センター等による学習の場が必要である。コミュニティーワーク実践と合わせ地域ソーシャルワーク活動を行い、実践的に身に付けていく事が今後の子育て支援に求められている。

付　記

2009年度博士論文「保育士による子育て支援に向けた教育プログラムに関する研究：指導教官平山宗宏」を基に記述している。

注

1）　伊藤利恵・渡辺俊之「保育所におけるソーシャルワーク機能についての研究——テキストマイニングによる家族支援の分析——」『高崎健康福祉大学総合研究所紀要　健康福祉研究』第5巻第2号、2008年、21-24頁。
2）　千葉千恵美・鑑さやか・渡辺俊之「保育所保育士による家族支援——27例のケース検討会から——」『高崎健康福祉大学紀要』第6号、2007年、91-101頁。
3）　同上。
4）　R.D.Vinter:Social Group Work, *Encylopedia of Social Work*, National Association of Social Workers, New York, p.715 1965.
5）　同上。
6）　千葉千恵美・渡辺俊之・平山宗宏・田島貞子「親子ふれあい教室が母親の気分状態

に与える影響」『高崎健康福祉大学紀要』第 8 号、2009年、37-48頁。
7 ）　大嶋恭二他「保育サービスの質に関する調査研究　平成18年度〜 20年度総合研究報告所　厚生労働科学研究費補助金科学推進研究事業」全国保育士養成協議会第48大会特別研究発表、2009年、 1 -29頁。
8 ）　同上、13-16頁。
9 ）　千葉千恵美「保育士による子育て支援に向けた教育プログラムに関する研究」高崎健康福祉大学大学院健康福祉学研究科保健福祉学専攻博士後期、2009年度博士論文。

第 6 章
保育者と家庭・地域との連携に関する保育ソーシャルワーク

はじめに

　保育所、幼稚園、認定こども園（以下、総称して園という）は、乳幼児の育ちの場である。園では、法に基づき安全が確保されており、子どもにとっての居心地の良い安心できる場所であることが前提条件とされている。園で子どもは、自分らしさを発揮し、環境を通じた、遊びと生活、そして学びの時間を過ごす。
　子どもの安心安全を保障するために、居心地の良さを確保するために、園で保育者は、家庭的雰囲気を大切にし、保護者や地域との関わりを深める。また、子どもが幸せに生活し、遊び、学ぶことができるように、時に必要な情報を保護者や地域に発信し、共通認識を図ったり、時には子どものために専門家として保護者や地域を啓発したりする。
　本章では、保育者がいかに、家庭・地域との連携を図り、子どものよりよい育ちを支えることができるのかを、保育ソーシャルワークの視点から考えたい。共に地域で子どもを育てるために、それぞれの保護者や地域の人がその家庭や地域の改善を自らで考え、判断し、実践する。保育者は専門職として、よりよい保育環境と子どもの発達に適した保育が拡がるために、いかに、家庭や地域の自己決定を促すことができるのであろうか。保育者による家庭・地域との連携の意義、その実践について、以下、考察を深めたい。

1　保育者と家庭・地域との連携
　　　——ソーシャルワークの視点から——

（1）家庭・地域と保育の関係性

　待機児童問題の解決や少子高齢化対策と関連して、保育への一般的、社会的関心が、高まっている。加えて、保育への専門的な関心も、高まっている。例

えば、ヘックマン（Heckman, J. J.）等は、労働経済学の分野から、幼児期の投資の費用対効果が大変高いこと、それは、保育への投資が、後の学力のみならず、犯罪率や離婚率の低下、生活保護による支援の低さといったことにも影響があることが明らかにされている[1]。

後の効果のみならず、今まさに園に通う子どもたちにとっての幸せ、その育ちの保障のためにも、保育のあり方が問われている。昨今の脳科学の研究成果は乳幼児の有能性を数々明らかにしている。幼児期の子どもの人間関係形成能力、社会性、学びの基礎の育ちに、発達に適切な保育と、知識と技術そして経験豊かな専門職による保育が不可欠であることも明らかにされつつある。その意味で、保育者が家庭や地域と連携を図ることは、子どもの権利保障の観点から進めていくべきことであろう。保育者は子どもの福祉を守る専門職であり、その立場からのソーシャルワークの機能を果たすことが望まれる。

（2）家庭・地域の連携をうながす保育ソーシャルワーク

保育者には、保育の重要性への理解を社会に促し、子どもの発達に適した育ちの環境と保育の保障をもたらすことが求められる。保育者自らが現在の保育のシステムを正しく理解し、その利点を一方で活かし、他方でその課題を考え、その課題の解決のためのソーシャル・アクションをおこし、保育の重要性について家庭や地域に発信することが望まれよう。

一方で、社会への保育についての理解を高めるための情報提供や、保護者への啓発、実際の保育の提供が必要である。しかし、他方で、子育ての第一義的責任が、保護者にあることも伝え、保護者自身が主体的に子どもと関わること、保護者自らがよりよい保育のあり方を考え、実際に子育てへの主体性と責任を発揮することを促す、保護者自身の自己決定を促す支援も必要であろう。保護者が子育ての主体としての自覚と子育て環境の向上、自らの子育て力の向上への意識を高く持つように自己決定していくこと、そのための保育ソーシャルワークもまた、保育者に今、求められていると考える。

保育者が家庭や地域との連携を図り、子ども、そして、保護者、さらには保育者のウェルビーイングを求めて、地域における子育て中の親子、さらには、子育て中であるかどうかに関わらず、地域のあらゆる人々の関係性における課題を抽出し、その解決を図る相互作用へのエンパワーメントを図ることが保育者には期待される。

（3）認定こども園の時代の家庭・地域との連携を図る保育ソーシャルワーク

　現在、日本では、子ども・子育て支援新制度が形作られ、認定こども園の時代へと歩みだしたといえる。新制度は、課題もあるが、何よりも、保育が社会保障制度として明確に位置づけられ、消費税により安定財源が恒久的に保障されることになった。このことは、高く評価すべきことであると考える。実際、先進国の中で、日本の保育への公的投資は大変低い。その改善への一歩が進められつつある。新しいシステムへの正しい理解と、よりよい制度への改善のために、評論家のように批判するだけではなく、参画する、ソーシャル・アクションが今後ますます保育者には望まれると考える。

　保育者には、保育への公的投資の重要性と必要性をますます社会に発信し理解を得ることが望まれる。地方版子ども・子育て会議においては、保育関係者が地域住民と協同し、その地域の子ども・子育て支援、次世代育成のあり方について、民主的に主体的に議論し、制度を与えられた制度から自らつくる制度へと変えていくことが目指されている。これは、まさしく、ソーシャル・アクションを具現化することといえる。つまり、保育者そして地域住民が、地域の子どもと子育てに関してのウェルビーイングの増進をめざし、課題を議論して、その問題解決、改善を目指すことが、地域の子どもを地域が考え、地域で育てていくことが、新しい制度には期待される。

　認定こども園の時代は、社会保障として、保育が位置づけられる。保護者の就労形態や地域によらず、地域の子どもが地域で育つ時代である。そのためのソーシャル・アクションが望まれる。

　児童福祉法にあらわされているように、すべての国民が、すべての子どもの健全育成を担う。保育所設置を反対し、マンション建設反対のような看板が設置され、子どもの声が騒音のように受け止められている現状が日本にある。保護者が、子どものしつけを保育者に依存する様子もみられる。例えば、家ではおむつ、園でトレーニングパンツを、といった、基本的生活習慣の形成を保育者に頼る実態もある。保育者は、保護者が子育ての第一義的責任を果たし、地域がそれを支える責任を果たすことができるように、社会に発信し、子どものよりよい育ちを支えたいものである。

2　家庭、園、地域が主体となる保育ソーシャルワーク

(1) 家庭・地域の主体的教育機能

　家庭・地域との連携に関する保育ソーシャルワークには、子ども、そして、保護者、地域住民が主体となり、また、保育者が主体となることが望ましいと考える。図6-1　子育てと子育て支援の責任にあるように、法的に子育ての第一義的責任は保護者にある。そして、それを支える責任が社会にある。しかし、子育て家庭の実態は大変厳しい。

　2012年3月に出された、家庭教育支援の推進に関する検討委員会の報告書「つながりが創る豊かな家庭教育～親子が元気になる家庭教育支援を目指して～」[3]によると、この20年で3世代世帯はほぼ半減し、1人親家庭世帯が120％増え、子育て家庭世帯数が全世帯数にしめる割合も20ポイント以上減少している。保護者が、子どもを持つ前に乳幼児と触れあったり、子育ての様子を日常に見たりする機会が激減している。家庭教育機能の低下は顕著で、ある園では、この10年でおしめをして幼稚園に入園してくる子ども数が倍増したとのことである。

　保育者は家庭の教育機能の代替を図るのではなく、家庭が教育機能を果たすことができるように、支援することが今後ますます期待されている。その支援にあたっては、ソーシャルワークの視点はきわめて重要であると考える。家庭の教育機能の代替ではなく、保護者の自己決定を促すこと、保護者の問題解決を促すことが保育者には求められる。保護者自らが、「子育ての第一義的責任」を重くプレッシャーとして受け止めるのではなく、大変だけれどもちょっと頑張ると楽しい、かけがえのない子どもの存在を意識し、そして自分の喜びを感じ、

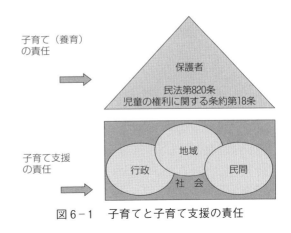

図6-1　子育てと子育て支援の責任

自らが子育てに肯定的かつ主体的に、意欲的に取り組めるように、支援することが、大切であると考える。

(2) 保護者の自己実現を支えるソーシャルワーク

　子育てほど自分の存在の意義を実感し、他者の育ちを我がことのように喜ぶことができる営みはないと考える。子どもの育ちを共に喜び、保護者を支えること、保護者のウェルビーイングを促すために、保育者には、子育て中の保護者を励まし、保護者が子どもにとってかけがえのない存在であることについての気づきを促し、子どもの発達の視点を提供してその育ちをみとることができるように支援することが望まれる。

　子育て支援が、保護者の子育てへの積極性をそぐことがあってはいけない。保育者の家庭との連携は、保護者に与える支援のみではなく、保護者自身がその意義を知り、自ら求め、共に子どもを専門職と一緒に育てていきたいと自覚的に思うことにつながることが望まれる。子育ての主役から保護者を遠のけることは、結局は子どもの最善の利益につながらない。

　アメリカでは、保護者組織が、園や学校に対して、主体的に連携を求めている。これは、現在の日本の園や学校が家庭へその連携を働きかけている様相とは大きく異なるものである。全米PTA協会は、学校園と家庭との連携についてのナショナル・ガイドラインを著している[4]。つまり、保護者側の組織が子どものために、園や学校にもっと家庭との連携を深めて欲しいとの要求を出している。その背景には、保護者が、園や学校が家庭と連携することにより、子どもに良い効果をもたらすことを十分に保護者が知っており、保護者が主体的に連携の促進を要望しているのである。保護者の要望という形で、家庭との連携が考えられている点に注目したい。この意識の変化がもたらされれば、今後、日本の保育現場において、「園に、〇〇して欲しい」という要望や、「園が〇〇してくれない」という苦情が反乱している状態が改善されると考える。保育の主役は子ども、子育ての主役は保護者、専門家としてその知識と技術を十分に発揮して子どもの育ちを促す主役としての保育者という構図が期待される。

　保護者が腱鞘炎になってまで子どもを抱き続けたり、病気になってまで自らを子育てに捧げたりする必要はないように思う。しかし、子育ての楽しさを知り、少し無理をして、手をかけ、気持ちを向けることにより、得られる喜びが多いこと。このことを伝えることが保育者に望まれる。しんどいけれど、眠い

けれど、子どものためにちょっと頑張った、その喜びと自信とが、保護者に親として役割を果たしているという誇りをうみ、子どもとのかけがえのない絆を創ることになる。保護者自身の喜びと誇りにつながる支援が保育者に望まれる。

(3) 保育者の自己実現につながるソーシャルワーク

これまで多くの保育者が、「子どものため」に献身的に保育に携わってきた。その姿勢を如実にあらわすものと思われる『全国保育士会倫理綱領』（表6-1）をみてみよう。ここでは、献身的な保育者の姿勢、その倫理性が感じられる。子どもの育ちを支え、保護者を支え、子どもと子育てにやさしい社会づくりをめざし、そのために専門職としての役割を果たすことが記されている。

一方で、以下、アメリカの全米乳幼児教育協会の倫理規定「子どもへの約束」の項目をいくつか紹介しよう（表6-2）。

両者を比較してみて、気付くことは何であろうか。特に注目して欲しいのは、「信頼・尊敬・積極的関心に裏付けられた人間関係のもとで、子どもと大人の可能性が最大限発揮されるように援助する」という一文である。つまり全米乳幼児教育協会の倫理規定では、子どもに献身的、犠牲的に保育を行うだけではなく、保育者自身の誇り、自己実現、自分の可能性の発揮ということも、子どもへの約束に挙げられている。

保育ソーシャルワークは、保育について、自己決定に基づき諸問題の解決を図る試みである。ここで、家庭・地域と、園が、よりよい人間関係の構築により、子どもそして、保護者、地域の人、保育者それぞれのウェルビーイングを目指し、主体的なソーシャル・アクションを図ること、このために保育者が専門職として果たせる役割をしっかりと再考する必要があると思われる。保育者自身の自己実現、ウェルビーイングを犠牲とした保育は成り立たないと考える。

3　家庭・地域の連携の保育ソーシャルワークの実践にむけて

多くの保育者が、保育の専門性と保育の意義を社会や家庭に十分に発信してきたとは言えないように思われる。歴史的にみても、保育は、慈善活動や社会貢献の関わりが深く、パン代を稼ぐための労働というよりは、豊かにいきる自己実現の一貫として慈善的に博愛的に展開してきたものとも言える。しかし、家庭の教育機能が低下し、また、すべての子どもを地域社会で育てる体制を整

表6-1　全国保育士会倫理綱領

　すべての子どもは、豊かな愛情のなかで心身ともに健やかに育てられ、自ら伸びていく無限の可能性を持っています。
　私たちは、子どもが現在（いま）を幸せに生活し、未来（あす）を生きる力を育てる保育の仕事に誇りと責任をもって、自らの人間性と専門性の向上に努め、一人ひとりの子どもを心から尊重し、次のことを行います。

私たちは、子どもの育ちを支えます。

私たちは、保護者の子育てを支えます。

私たちは、子どもと子育てにやさしい社会をつくります。

（子どもの最善の利益の尊重）
　1．私たちは、一人ひとりの子どもの最善の利益を第一に考え、保育を通してその福祉を積極的に増進するよう努めます。

（子どもの発達保障）
　2．私たちは、養護と教育が一体となった保育を通して、一人ひとりの子どもが心身ともに健康、安全で情緒の安定した生活ができる環境を用意し、生きる喜びと力を育むことを基本として、その健やかな育ちを支えます。

（保護者との協力）
　3．私たちは、子どもと保護者のおかれた状況や意向を受けとめ、保護者とより良い協力関係を築きながら、子どもの育ちや子育てを支えます。

（プライバシーの保護）
　4．私たちは、一人ひとりのプライバシーを保護するため、保育を通して知り得た個人の情報や秘密を守ります。

（チームワークと自己評価）
　5．私たちは、職場におけるチームワークや、関係する他の専門機関との連携を大切にします。
　　また、自らの行う保育について、常に子どもの視点に立って自己評価を行い、保育の質の向上を図ります。

（利用者の代弁）
　6．私たちは、日々の保育や子育て支援の活動を通して子どものニーズを受けとめ、子どもの立場に立ってそれを代弁します。
　　また、子育てをしているすべての保護者のニーズを受けとめ、それを代弁していくことも重要な役割と考え、行動します。

（地域の子育て支援）
　7．私たちは、地域の人々や関係機関とともに子育てを支援し、そのネットワークにより、地域で子どもを育てる環境づくりに努めます。

（専門職としての責務）
　8．私たちは、研修や自己研鑽を通して、常に自らの人間性と専門性の向上に努め、専門職としての責務を果たします。

社会福祉法人 全国社会福祉協議会
全国保育協議会
全国保育士会

出典：http://www.zenhokyo.or.jp/hoikushi/rinri.htm

表6-2　全米乳幼児教育協会　子どもへの約束

幼児期をユニークで価値ある段階として評価する
（幼児の現在の生活こそが価値あるものと考え、単なる将来の準備とのみ見なさない）

子どもに関わる我々の仕事を子どもの発達に関する知識に基づき行う

子どもと家庭の密接なつながりの価値を認め支援する

子どもの理解は、家庭・文化・社会的文脈においてなされるということを認識する

一人一人の尊厳、価値、自主性を尊重する

信頼・尊敬・積極的関心に裏付けられた人間関係のもとで、子どもと大人の可能性が最大限発揮されるように援助する

備するためには、先立つものが必要である。

　保育の独自性や重要性についての認識を高めるために、そしてソーシャル・アクションに繋がる発信をするためには、保育者はどのような機能を果たしうるであろうか。より具体的に以下考察を加えたい。

（1）保育の独自性・重要性についての発信

　園における保育は、小学校以降の教育とはことごとく異なる。しかし、その重要性は、子どもの年齢とは関係ない。年齢によらず個々の子どもが等しく尊く、それ故に、年齢によるその次世代育成への支援の格差が大きいことは子どもの人権問題として、是正していかなければならない。

　園での保育の独自性について、指針や要領という法的規定があり、保育の内容については5領域あること、保育士は国家資格であり幼稚園教諭は小学校教諭と同じく初等教育の教諭であることを知らない保護者は多い。残念ながら、保育を専門職による教育であると思わず、けがの回避、いざこざの対応のみを行う、誰にでもできる、単なる子守のように思っている保護者がいる。

　園での保育は、家庭保育とは異なる集団の施設保育である。そこでは、子どもの発達を踏まえ自己中心性が強い幼児期であるからこそ、子どもの主体性を尊重し、環境を通じた保育がなされている。小学校以降の教育とはことなり、保育では、授業とはいわず、実践という。小学校以降の教育では、授業の最初

に「めあて」を子どもたちが共通に理解し、意識し、同じ時間に同じ内容を一斉に同じ教材（教科書）を用いて学ぶ。一方保育は、目的志向型ではなく、1人1人の子どもの興味関心が学びの起点となる。4歳以降は協同的な学びがみられる場合が多いが、それでも、個々人の好奇心（おもしろそう）、探求心（なぜだろう）、あこがれ（やってみたい、できるようになってみたい）が活動の起点となっている。活動は遊び中心で、保育者は遊びの中の学びをみとり、発達を見通し、問いかけたり、賞賛したり、認めたり、助言したり、励ましたりして、子どもの育ちをはぐくむのである。

保育者は、幼児期の教育が小学校以降のそれと異なる独自性があり、発達に適した保育が重要であることを発信していくことが望まれる。

（2）子どもの最善の利益の確保
　　　　──子どもの人権への意識化・啓発──

義務教育就学前後での公的資金の活用状況は大変低い。1/6 ～ 1/3しか投資されていないという実態があり、OECD等の比較調査において、日本は世界の先進国の中で保育への公的投資が大変低く、結果、先生1人あたりの子ども数が多く（世界標準は先生1人あたり年長でも15人）、保育者の待遇が悪い（小学校教諭との待遇差は日本が調査国中もっとも大きくなっている）。

保育への公的投資の拡大は、保育の質の維持と向上につながる。各地で、公的投資拡大に関するソーシャル・アクションにつながる情報提供が望まれる。具体的には、地域の保育関係への公的資金の投資の割合、保育者の勤続年数、保育者の研修支援の実態、個人ベースでの研修実績、民会費比率、常勤職員比率といったデータの顕在化が有効であろう。

公的投資の年齢による格差は、子どもの人権への意識が低い故に起こることと思われる。次世代育成は大切であり、年齢によらず子どもが等しく尊いことへの意識を地域で高め、保護者や地域住民それぞれが自ら子どもの人権に敏感となりその充実を能動的に支えるには、保育専門職による情報提供、啓発が不可欠であると考える。

おわりに
　　──保育専門職としての誇り──

保育者と家庭・地域との連携に関する保育ソーシャルワークの根幹として、

保育者自身のウェルビーイングを挙げたい。保育ソーシャルワークが保育専門職としての誇りのもと進められていくことを期待したい。

そもそも、保育者は尊いあこがれの仕事である。多くの幼児に将来なりたい仕事を訪ねると、「幼稚園の先生、保育園の先生」ということばが返ってくる。また、中学生の職業体験でも、園は人気が高い。保育士や幼稚園免許を取得している人は多数いる。しかしにそれにも関わらず、保育者不足は深刻である。例えば保育士に関しては、60万人もの保育士が資格を所有しているが保育の職についていない。この背景には、待遇の悪さ、責任の重さといった労働条件に関わる課題が挙げられている。

待遇や労働環境の改善には、社会の理解が不可欠である。命を預かるという尊い仕事への誇りを持ちその重要性を社会に発信する必要がある。また、発達についての専門知識と技術を持っており、そして、さらにその向上を研修により図っていることに誇りを持ち、その必要性を社会に発信することが望まれる。

家庭や地域における子育て環境や保育の実態が改善されるように、個々の家庭での保護者やそれぞれの地域の人々自らがその価値を見いだし共に次世代育成に携わるような、保育ソーシャルワークの展開が新しい制度の時代の到来と共に、今後ますます期待されている。

注
1） Cunha, F. and Heckman, J. J., "Investing in Our Young People," *NBER Working Paper* No. w16201, July 2010.
2） 認定こども園の時代についての解説と課題については、以下を参照。
　　無藤隆・北野幸子・矢藤誠慈郎『認定こども園の時代——子どもの未来のための新制度理解とこれからの戦略48——』ひかりのくに、2014年。
3） 家庭教育支援の推進に関する検討委員会『つながりが創る豊かな家庭教育〜親子が元気になる家庭教育支援を目指して〜』2012年。
4） PTA. *PTA National Standards for Family-School Partnerships: An Implementation Guide*, PTA, 2009.

第7章
保育ソーシャルワークにおける面接技術

はじめに

　保育ソーシャルワークにおけるクライエント（本章では保護者と称す）への相談支援は、保育所への送り迎え時、保護者懇談会や参観日、家庭訪問、あるいは一時保育や園庭開放、育児サークル等のさりげない関わりのなかから始まる場合が多い。専門機関のような特定の場で特化された相談を受けるのとは異なり、多彩な場で多様な対応が求められるのである。
　支援者は、保護者との信頼関係を密にし、気持ちや意向を読みとりながら、ともに子育てをするパートナーとして、また、保護者の養育力の向上に向けた支援、保育指導、相談・助言など、子育てやその生活上の問題解決に向けた様々な役割を果たさなくてはならない。そのために、保育の専門性を生かしながらも、対人援助技術やソーシャルワークの知見を活用して、相手を受容し、相談や助言、支援をしていく必要がある。
　本章では、保育ソーシャルワークにおける相談支援の構造を概説し、専門職としてどのような保護者との関係構築を目指していくのかを示す。さらに、相談支援の基盤となる意義と原則、さらに対人援助技術やソーシャルワークの知見から、保育の場におけるソーシャルワークの展開に若干の考察を加え、保育ソーシャルワークにおける面接技術を考えてみたい。

1　保育ソーシャルワークにおける相談支援の構造

（1）「相談する」という行動の強さ
　保育ソーシャルワークの面接技術を論じる前に、まずは保育ソーシャルワークにおける相談支援の構造を簡単に概説する。

子育ては、日々様々な出来事に対処しながら営まれているが、保護者自身のこれまでの知識や対処方法では手に負えないレベルに達したときに、保護者は相談という形で助けを求める。ここで支援者が注目すべきことは、支援を求めてその一歩を踏み出してきたという行動力である。保護者は、「今の状況を何とかしたい」「子どものために自身に何ができるのか」というように現状を変えたいという思いを抱いて、相談にやってくる。したがって、「困っている」「助けてほしい」という相談への行動は、その人がもっている健全な力であり、「強さの証」であると捉えることができる。

　このように、視点を変えることによって保護者自身がもっている「強さ」や「力」を見出すことができる。また、困難な状況に直面しているからこそ保護者は新たな視点でこれまでの自身の問題や育児を認識する機会ともなる。

　さらに、近年では、自身の問題を否認し周りからの支援を拒否する保護者や、孤立してどのような子育てが営まれているのかも分からない家庭への支援が課題となっている。相談によって、これまで支援の対象とすることが困難であった家庭との関わりが可能となり、支援をはじめる契機ともなるかもしれない。いずれにしても、相談支援のきっかけは重要な局面なのである。

（2）問題を解決するのは保護者自身である

　一般的に、「ソーシャルワークとは？」と問われたとき、「相談援助」などと言われるが、その実践は保護者の話を聞き、それに見合う対処の方法や社会資源に結びつけるという単純なものではない。保護者が抱えている問題の背景や構造を理解し、それらの問題解決に向けて保護者自身が主体的に取り組む過程を支えることである。

　いかなる支援も、当事者（保護者）が支援を受けて変わろうという意思をもち、問題を解決する主体者としての参加がなければ成り立たない。例えば、保育所を利用している子育て家庭への支援においても、家に帰ってからの生活を成り立たせるのは、支援者ではなく保護者とその家族である。支援者との関係を通して、直面していた不安、混乱、緊張のなかから抜け出して、保護者が自分のなかにある可能性に気づき、自ら動きはじめることによって支援ははじまっていく。

　したがって、保育ソーシャルワークによる支援の構造は、信頼関係に基づいた支援者と保護者との相互関係を利用しながら本来持っている「力」を取り戻

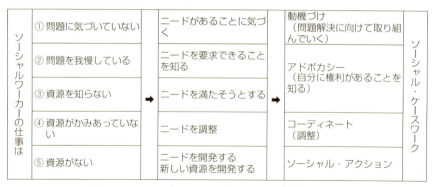

図7-1　ソーシャルワーカーによる援助の構造

出典：得津慎子「ソーシャルワーカーの仕事と利用者のニーズ」『ソーシャルワーク——相談援助の理論と方法の基礎——』ふくろう出版、2012年、48頁に一部追記して作成。

し、使いうるあらゆる社会資源を駆使して、保護者が主体となって問題の解決に向かって共同して展開されるものである（図7-1）。

　また、保育ソーシャルワークにおいて強調したいのは、その支援過程を保護者の養育力の向上や家族の発達の過程として位置づけて支援することの重要性である。「子育てに対してどう対処すべきかを教える」「不安を軽減して安定を図る」ことも重要ではあるが、むしろ、子育てについて悩むこと、保護者自身が自分たちの人生設計とつきあわせて迷うこと、時には夫婦で意見を交わしながら揺れ動くこと、それら1つ1つが大切なのである。支援では、これらの課題をとりのぞくことでもなければ、バイパスを指し示すということでもない。抱えている問題と向き合い、それらとまともに取り組むことを通して、乗りこえる過程を見守ることも保育ソーシャルワークにおいては重要な支援であるといえる。

2　相手を受容する環境設定と支援者の姿勢

（1）相談面接のはじまり

　相談支援では信頼関係（ラポール）の重要性が強調されるが、はじめから信頼関係が形成されているわけではない。支援者には、保護者が直面している問題を媒介にして意図的に関わりながら、心理的な混乱を支え、心理的社会的支

援を可能にするような信頼関係を築く努力が絶えず求められる。

　ここで、改めて確認したいことは上述したように支援は、支援者と保護者との信頼関係に基づいた相互関係のなかで行われる共同作業であるということである。ソーシャルワークにおけるラポールの意味はここにある。窪田暁子は、このような支援関係におけるワーカーの立場を「共感する他者」であるとし、「自分の言い表しがたい気分に共感をもって接してくれる、安心できる、好感のもてる相手の眼の中に映っている自分と出会うことによって、人は自分自身を新しい眼で見直すことを学ぶ」[1]としている。さらに、「専門的な援助関係のなかで他人（ワーカー）に受容され、傾聴され、理解される体験自体が、問題を客観的に明らかにするとともに本人の問題認識および問題解決能力を高める手段である」[2]と述べているように、相互の関係のなかで展開される支援の構造を説明している。

　よって、相談面接のはじめでは、保護者の主訴に耳を傾けて、抱えている心配、悲しみ、苦悩、葛藤、不安を受け止めなくてはならない。そこでは、訴えている内容の背景に隠されている様々な要因を考えていくことは当然だが、重要なことは支援者と保護者がともに歩むきっかけをつくることである。支援者に語りかけるなかで、「いい保育者に会えた」「いい場所を知った」「この人に本気で相談してみよう」という経験を保護者に抱いてもらうことである。支援者であろうとも、赤の他人に向かって自身の悩みや、家のなかで起こっている困りごとを、理路整然と話すことは難しい。むしろ、悩んでいる事柄を自分のなかで明確に整理できていなかったり、何とかして言い表そうと苦心しながらも適切な言葉を見つけることできなかったりすることが多いのである。

　支援の最初の段階は、抱えている問題を少しずつ整理しながら、自分（保護者）自身の気持ちを落ち着いて語るということが重要である。問題の構造を大きな枠組みにして「こういう問題で悩んでおられるのですね」と提示するなかで相談の前には漠然としていた事柄が次第に明確になっていく。必ずしも、事態の全貌がはっきりとしていなかったとしても、支援者とのこうした関わりのなかで考える力と自分を取り戻し、混乱や不安のなかから少しずつ抜け出していく。このような関わりによる小さな変化から相談面接ははじまっていくのである。

（2）共感的理解をすすめる支援者の態度としての基本原則

　ヘイヴンズ（Havens. L.）によれば、「共感とは、他者のなかに入り込み、その

表7-1 援助関係における相互作用

バイスティックの7原則	第1の方向：クライエントのニード	第2の方向：ワーカーの反応	第3の方向性
1）クライエントを個人として捉える（個別化）	一人の個人として迎えられたい	ワーカーはクライエントのニーズを感知し、理解して、それらに適切に反応する	クライエントはワーカーの感受性を理解し、ワーカーの反応に少しずつ気づきはじめる
2）クライエントの感情表現を大切にする（意図的な感情表出）	感情を表現し開放したい		
3）援助者は自分の感情を自覚して吟味する（統制された情緒的関与）	共感的な反応を得たい		
4）受けとめる（受容）	価値ある人間として受けとめられたい		
5）クライエントを一方的に非難しない（非審判的態度）	一方的に非難されたくない		
6）クライエントの自己決定を促して尊重する（自己決定）	問題解決を自分で選択し、決定したい		
7）秘密を保持して信頼感を醸成する（秘密保持）	自分の秘密を守ってほしい		

出典：F. P. バイスティック（尾崎新他訳）『ケースワークの原則──援助関係を形成する技法──』誠信書房、2006年、27頁を一部改変。

思考、感情、衝動などを共有すること」であると定義されている。[3] 支援者は共感的受容の姿勢をもって相互の理解を深めていく。次に示す「バイスティックの7原則」[4]は、ソーシャルワーク援助の特質を一般的に整理した上で、それを簡明に表しているものである（表7-1）。

　この7原則は、ソーシャルワーク援助の拠って立つ価値と、専門援助者の守るべき態度、倫理を含んでいる。言い換えれば、このような原則に基づいて責任のある対応を行う専門職であることを前提として、人々はそれぞれの家庭内の出来事や自身の弱さなど、通常は他人には知ることを避けたがるような事柄も、ためらうことなくソーシャルワーカーには語ってくれるのである。これらの原則を守りながら、支援のための面接は、それにふさわしいものでなくてはならない。

　例えば、様々な相談に応じる保育ソーシャルワークにおける相談面接では、相談にやって来た保護者が抱いている2つの不安への適切な対処などがある。まず1つ目に、相談に至った自身が抱えている問題に起因する不安である。2

つ目は、相談をする相手はどういう人で、自分の相談にどのように耳を傾け、どう扱うのだろうかという不安である。家庭内のこと、あるいは自分自身の日常的には他人に話していない事柄について、専門職とはいえ他人に話すことに伴う不安と緊張を、支援者は十分に理解しなくてはならない。

相談面接のための適切な条件を設定する責任は、基本的には支援者が担う責任がある。相談の内容によっては、園庭や廊下などでの立ち話ではなく、プライバシーの確保、落ち着いた雰囲気の部屋、他人の視線や騒音などの排除も必要な時もある。相談の場所、その設備・節度、静穏な雰囲気、そういうものを整えることを通して、様々な背景から相談に至る保護者に対して、「ここは安心」「ここで話したことの秘密は守られる」「ここでは承諾なしに物事を進めたりしない」ということが、言葉で説明されるだけではなく、雰囲気や態度としても伝える姿勢を表現しなければならないのである。

3 相談面接のスキルとしてのコミュニケーション

(1) 相談面接におけるコミュニケーション

保育ソーシャルワークでは様々なコミュニケーションスキルが求められる。日々の子どもとの関わりや保護者への支援においてもコミュニケーションは欠かすことはできず、上述した共感的な相互理解を深めるための十分な知識とコミュニケーション力を身につけなくてはならない。

コミュニケーションは大きく2つの方法に大別することができる。1つ目は、私たちが日頃から会話として音声や文字などを媒介にして行う「言語コミュニケーション（Verbal Communication）」。もう1つは、言語を使用しない「非言語コミュニケーション（Nonverbal Communication）」で、例えば話すスピードやトーン、服装、姿勢、身振り、表情、しぐさ、視線、距離などの表現方法である。心理学者のメラビアン（Mehrabian,A.）は、聞き手が話し手の印象を決める要素は、「言語的要素（7％）」よりも、「非言語的な要素（93％）」が重要であることを指摘しているように、多くの研究において「言語コミュニケーション」よりも「非言語コミュニケーション」の占める割合が大きいことが明らかにされている。したがって、支援者は話しかける言葉にも注意を払わなくてはならないが、それ以上に自身の態度や言動が相手にどのように伝わり理解されているのかについて常に敏感でなくてはならない。正面から向き合って相談面接を行う

ことが適切な場合もあり、時には横に座って、あるいは斜めに向きあうなど、支援の種類や機関の特質による配慮を加えることの必要な場合もある。特に、保育の場における相談では、保護者の相談に耳を傾けていながらも、周りにいる子どもの保育に注意を払っていなくてはならない。共感的に話を聴いていたとしても、支援者の視線や関心が一瞬でも子どもに向けられたことによって、保護者にマイナスの感情を抱かせてしまい話す勇気を削いでしまうこともある。

面接において、コミュニケーションは基本的な技能である。支援者の関わりによっては大きく傷つけてしまったり、絶望させたりすることさえあるので慎重でなくてはならない。

（2）傾聴と質問の技法

第1節において、支援は共同作業であることを説明した。支援者が一方的に問題を指摘して、解決への導きをするのではなく、何が問題になっているのかなど、問題の形成過程や背景についてともに考え、気づき、その困難な状況を乗りこえるためにどのような方法があるのかを検討することにある。このような面接場面では、効果的な質問の技法が要求される。それは、大きく「閉じられた質問」と「開かれた質問」という2つの質問の形式がある。表7-2に代表的な傾聴と質問の技法を示す。

「閉じられた質問」とは、相手が「はい」「いいえ」や、「ここまで何分ぐらいかかりました？」というように、「数値」などで簡単に答えることのできるものである。この方法であれば、限られた時間のなかで、情報の収集を支援者のペースですすめることが可能ではあるが、「閉ざされた質問」を繰り返していれば、保護者は何か一方的に情報を集められているというような感覚を抱いてしまい、「受容」「共感」という関わりには結びつかない。

一方の「開かれた質問」とは、「その時、お母さんはどうなされたのですか？」というように、保護者のペースを尊重しながら、感じていることや考えていることを保護者自身の言葉で語ってもらうためのものである。表7-2に示されている③の繰り返し、④感情の反射・感情の明確化、⑤要約などにおいては、保護者の表現を的確に受けとめ、受容的な聴き手のなかでわずかずつの言い換えによって明示することで、問題状況の整理、課題への認識、これまでの課題に対する自身の行動などへの理解を深め、新らしい方向への行動が生まれていく。

そのなかでよく用いられるのが、相槌（あいづち）によって本人の語りをすすめることを

表7-2　ソーシャルワークにおける代表的な傾聴と質問の技術

a 基本技法	① 傾聴（アクティブ・リスニング） 耳を傾けて相手の話をよく聴く。特に、相手の心や気持ちを聴くように心がける。 ② 簡単な受容 聴いていることの意思表示として、タイミングよくうなずいたり相づちを打つ。 聴いてもらえている。わかってもらえているという安心感や信頼感につながる。 ③ 繰り返し（リピート） 話すことにとまどいがあったり、感情がこみあげてきて言葉になりにくいときなど相手のペースにそって、直前の言葉を繰り返す。 あるいは、発言の中で重要と思われる言葉を取り上げ、繰り返す。 ④ 感情の反射・感情の明確化 相手が感じている感情を受け止め、言葉にして返したり、相手が自分でもつかめていない感情を明確に言葉にして返す。 自分が経験している感情を鏡のように映し出されることで、深いレベルで理解されているという信頼を生む。自分の感情に気づき、整理することにもつながる。 ⑤ 要約 まとまりなく話したり、混乱しているような場合に、話を要約して返す。 問題が焦点づけられたり、内面が整理されるのに役立つ。 ⑥ 支持 相手の発信の中で表現された感情や考えや取った行動などを肯定し、認める。 気が楽になったり、励みになる。自信と自己受容が高まる。
b その他の留意点	⑦ 質問の仕方を工夫する 「はい」「いいえ」のように択一で応答できるような〔閉ざされた質問〕や、話の展開ができるような〔開かれた質問〕をする。 焦点を定めたり、問題を掘り下げたり、話題を広げたり、自分の言葉で詳しく語ってもらうことなどに役立つ。「なぜ」という質問は避けたほうがよい。 ⑧ 非言語的コミュニケーションを大切にする 面接は言語を通して行われるが、表情、視線、身ぶり、姿勢、態度などの非言語的手段や、声の抑揚などにも注意を払う。 話しやすい雰囲気をつくったり、受容・共感・誠意などを伝えるうえで重要である。 ⑨ 沈黙を適切に扱う どのように表現するか迷っていたり、考えをまとめたり、気持ちを整理したり、洞察が進んでいるときの沈黙は、そっと大切にしておく。 不安になったり、あせって話し過ぎたり、話題を変えたりしないように注意する。不本意、不満、反発などの現れである沈黙は、取り上げて対処する。

出典：寺見陽子「かかわりの技術」、名倉啓太郎監修、寺見陽子編著『子ども理解と援助――子どもと親との関わりと援助・相談の実際――』保育出版社、2004年、153頁に追記して作成。

促したり、間投詞とよばれる「確かに」「はい」「それで？」「それから？」などによって、聞いていることを伝えたり、「そうだったのですか～」というような少しの驚きと、深い関心を示す言葉などである。こうした言葉を自然に使

いこなし、「閉ざされた質問」と「開かれた質問」を組み合わせることが、支援を効果的にすすめていくために求められる。

(3) 沈黙を尊重する

さらに、面接場面において「質問」と並んで重要なのは「沈黙」である。「どうしてだと思います？」と語りかけた途端に、相手が黙ってしまうことなどがある。一般的に、面接場面における沈黙の内容には次の4つが考えられる。[6]

① 相手に関する拒否的感情
② 話し合いを続けることに対する拒否的感情
③ どのように考えていいのか分からない、とまどいの沈黙
④ 新たな展望を切り開くために思案し、考え込んでいる沈黙

こうした沈黙を面接のなかで活かしていくことも相談面接では必要である。支援者があまりに話しすぎてしまったり、自分の考えを先に言ってしまったりすると、保護者は自身の意思や意見の表明を控えたり、自らのなかで考えることができなくなってしまう。大段智亮は、「沈黙のなかでこそ、もっとも激しく深い感情が流れているのであり、また、沈黙のなかでこそ、飛躍的な一歩前進が準備されていることに気づかねばならない」[7]と沈黙の持つ意味を説明しているように、相手の沈黙を尊重するという姿勢を、相談面接のなかでは大切にしなければならない。

4 保育ソーシャルワークの支援過程における面接技術

(1) これまでの問題に対する対処行動への着目

具体的な支援を進めていくなかでは、まずは相談に至るまでの背景を理解しなくてはならない。本人が述べている主訴の客観的側面、その不安、支援を求めてやってきた決断の意味などに、支援者の視点を加えながら共同作業として進めていくなかでの「課題の明確化」とよばれるいわゆるアセスメントの過程である。

しかし、主訴の背景を相談面接において具体的な情報を得ることは思いのほか難しいものである。そこで、1つのアセスメント方法として「なぜ今日」「ここで」相談をしようと思ったのかという相談へのきっかけと、そこで語られた

直接的な問題となっている課題へのこれまでの対処行動に焦点をあてることが有効である。対処行動そのものの理解を通して、保護者の抱えている生活問題、人間関係、個人資源の大きさ、養育力を見極めながら、支援の可能性を検討していくのである。

つまり、相談のきっかけを知ることは、同時にその問題にこれまでどのように対処してきたのかを知ることにつながる。直接問題となっていることが最初はどのようにしてはじまり、それに対して保護者本人や家族はどう対処し、何がうまくいかなかったのか、相談に至るまでに誰の力を借りていたのか、その1つ1つを知ることにより、主訴の背景とそこでの課題をもう一段階深く理解することが可能となる。

実際の支援場面では、子育てにおいて日常的に起こる場面（例えば、食事や遊び）などを捉えて、その間の父親やきょうだいの様子、子どもの様子、その時の気分などを尋ねることも有効である。

（2）育児場面を語ることからの「気づき」と動機づけ

アセスメントを進め、保護者が語る主訴やニーズの背景を明らかにしていると、そこに潜んでいる別の問題に気づいてないと思われるケースがある。例えば、長年その家庭内で形成されてきた行為の規範や価値、時には「しつけとして当然」と主張し、過干渉についても保護者自身は「子どものために頑張っている」「教育熱心」と思い込んでいる場合などである。そのような保護者に「日頃どのような子育てをしているのか」「何か困ったことはあるか」「何が問題か」と問いかけても到底その問題には切り込めず、具体的な改善は望めない。

支援を進めていくなかでは、自身の問題を客観的に認識していない保護者に対し、的確な質問によってその背景にある様々な要因を見極めることが要求される。質問の力によって情報を収集し、全体像をともに浮き彫りにすることが必要になってくるのである。

そのために、支援者は自己表現を助ける役割を担いながら、保護者ができるだけ自分の言葉で、自分の問題を表現できるように支援することが求められる。支援者に自身の育児の場面・体験を説明し語るということは、保護者が自身の頭のなかで整理し、もう一度再現して理解することであり、むしろ現状の課題や思いを表現するものである。投げかけられる質問は、単にアセスメントのための情報収集という目的ではなく、それらに答えるなかで、自分の行動を多少

なりとも客観的に見直し、家族の行動を思い出し、その問題が影響して今日ここに相談にきているのかについて、改めて考えられるものでなくてはならない。

(3) 課題をつくり変え、次なる一歩を踏み出す

支援内容についてその輪郭が明らかになってきた段階で、その課題に対してどのような支援を行っていくのかを考えることが求められる。

実際の支援展開では、直面している問題や乗りこえるべき課題を、保護者が対処しやすいサイズに調整し、「本人の力量に見合った大きさの課題に切り分けてステップを踏むように問題解決の方向性を見出すこと[8]」が重要となる。ここで強調したいのは、目標・方法・期間の関係性を考慮しながら、現在の課題を明確化し、当面の目標を分かりやすい言葉で命名し、どのくらいの期間で達成していくのかを示していくことである（図7-2）。

どんなに良い目標を立て、それが保護者に望ましいものであったとしても、その内容が現実的なものでなくては意味がない。また、当面の課題に分かりやすい言葉で名前をつけることによって、保護者は自分自身の課題が一般化され、どうしてよいのか分からず抱えきれなかった相談内容が、取り扱い可能な問題として再認識し、自分で対処可能なものになる。例えば、長期的な支援目標が「育児不安の軽減」であるなら、直近の支援目標は現実的で対処可能なことを定める。この場合、「通える子育て支援センターを探す」「利用のための手続きを知る」「夫とこれからのことを話し合う」というように、そのために必要な期間と主体的に取り組むことができる支援内容（方法）を検討しなくてはならない。その先に、「子育て支援センターのプログラムへの参加」などへと続き、長期的な目標である「育児不安の軽減」につなげていくのである。小さな成功体験を積み上げていくなかで、保護者自身の対処能力を強化し、階段を一段ずつ上がるような確かな変化を支えることが必要である。

このように、膨大な支援を提案するのではなく、当面実行できる内容、扱うことができる範囲の支援を現実的な枠のなかで、ときには課題を細かく分けて、保護者との合意のなかで示すことができれば、その後の評価も明

図7-2 支援内容を明らかにする概念の視点

出典：著者作成。

確になる。「一緒に考えた目標は達成できたのか」「できなければ何を見直さなければいけないのか」というように、その評価に根ざした次のステップを可能とするのである。保育ソーシャルワークにおける支援が、支援者とクライエントとの共同作業であることは、そのような意味からである。

おわりに

　本章では、保育ソーシャルワークにおける面接技術を述べてきた。相談面接は、よい聴き手になることからはじまる。相談支援は、基本的には指導や説得ではなく、本人（保護者）が自らの力を取りもどして、主体的に乗りこえていく過程を見守ることである。したがって、聴くことが支援者のもっとも重要な姿勢となる。

　また、相談面接は、チェックリストやマニュアルなどに沿って決まって進められるものではない。つまり、支援者は常にそれまでに相手から得ることのできた情報や反応に基づいて、次の質問や、呼びかけ、説明、慰め、励ましなどを、支援者が自らの言葉や仕草によって相手に伝達するものである。そこで用いられる言葉は、それにふさわしい高さ、強さ、柔らかさ、鋭さ、優しさをもつものとして用いられるべきであり、表情、仕草、視線、距離が伴っていなければならない。そこに保育ソーシャルワークの専門性が最も発揮されるべき過程でもある。

　保育ソーシャルワークの発展は、感覚や経験だけではなく、根拠（evidence）に基づいたものでなくてはならない。これまでの保育実践において確立してきた英知に併せ、さらにソーシャルワークの知見を学び、その技術を活用することで、より困難で複雑化している保育の場における支援において、道筋を与えてくれるに違いない。今後、様々なソーシャルワーク論に依拠しつつ、個別の支援活動のなかで絶えず繰り返される試行錯誤と、その継続のなかで、保育ソーシャルワークが発展していくことを願っている。

注
1）　窪田暁子『福祉援助の臨床――共感する他者として――』誠信書房、2013年、55頁。
2）　窪田暁子「第7講 社会福祉の方法・技術」、一番ケ瀬康子・真田是編『社会福祉論』有斐閣、1975年、94-95頁。

3) Havens,L., *Making Contact:Uses of Language in Psychotherapy*, Harvard University Press, 1986. 山下晴彦訳『心理療法におけることばの使い方――つながりをつくるために――』誠信書房、2001年。
4) バイスティックの7原則とは、アメリカのケースワーカーで社会福祉学者のフェリックス・P・バイスティックが1957年に著書『ケースワークの原則』で記したケースワークの原則である。バイスティックの7原則は、現在においてもケースワークの基本的な作法として認識されている。
5) 窪田前掲書（注1）、81頁。
6) 植田章『はじめての子育て支援――保育者のための援助論――』かもがわ出版、2001年、76頁。
7) 大段智亮『面接の技法』メヂカルフレンド社、1997年、117頁。
8) 結城俊哉「第3章 社会福祉援助実践の技法」、植田章・岡村正幸・結城俊哉編『社会福祉方法原論』法律文化社、1997年、134頁。

参考文献

岡村正幸『はじめての相談理論』かもがわ出版、2001年。

小口将典「ソーシャルワーク実践における家族への臨床的面接――生活課題への対処行動に着目して――」『愛知淑徳大学論集福祉貢献学部篇』第1号、2011年、29-37頁。

柏女霊峰・橋本真紀『保育者の保護者支援――保育相談支援の原理と技術――』フレーベル館、2010年。

須永進編『保育のための相談援助・支援――その方法と実際――』同文書院、2013年。

第 8 章
保育実践と保育ソーシャルワーク

はじめに

　保育者養成校に長年勤務していると、様々な学生と出会う。他の専門分野でも同じだろうが、保育学を講じる立場で限られた学生たちに関わるだけでもそうである。明るく外向的であったり、内気でまじめであったりいろいろであるが、幸いなことに、多くの学生が卒業後は保育者になりたいという強い希望をもっていることは共通である。

　その学生たちがはじめに思い描く保育実践は、ほとんどが幼い子どもたちと笑顔で楽しく遊ぶ姿である。もちろんそのようなイメージから保育の学習を始めることは歓迎するが、同時に保育の営みはそれだけでないことに間もなく気付くこととなる。保育とは子どもの発達を保障する営みと捉えることができようが、そのためには子どもと直接向き合って遊んでいるだけでは済まないことも多いのである。

1　幼稚園・保育所の役割と保育ソーシャルワーク

　幼稚園の目的は、法令上「義務教育及びその後の教育の基礎を培うものとして、幼児を保育し、幼児の健やかな成長のために適当な環境を与えて、その心身の発達を助長すること」(学校教育法第22条)である。保育所は、「保育を必要とする乳児・幼児を日々保護者の下から通わせて保育を行うことを目的とする」(児童福祉法第39条)とされる。

　このように見ると、幼稚園や保育所の目的は、第一義的に、直接子どもと関わるところにあることがわかる。すなわち、それらには子どもの発達保障を担う重要な役割があると理解できる。そしてそのための具体的な方法として、幼

い子どもたちの遊びを認め援助することがあることから、初学者たちが抱く保育イメージの正しさも理解できるものである。

しかし、幼稚園や保育所の役割は、それにとどまるものではない。例えば保育所は、「保育所における保育時間は、一日につき八時間を原則とし、その地方における乳幼児の保護者の労働時間その他家庭の状況等を考慮して、保育所の長がこれを定める」（「児童福祉施設の設備及び運営に関する基準」第34条）とある通り、保護者の就労等を支援する役割も大きい。

幼稚園も「地域の実態や保護者の要請により、教育課程に係る教育時間の終了後等に希望する者を対象に行う教育活動」（幼稚園教育要領 第3章 教育課程に係る教育時間の終了後等に行う教育活動などの留意事項）とある通り、家庭の事情に応じて、いわゆる預かり保育を実施して保護者の就労等を支えることがすでに当たり前に行われている。

加えて、「保育所は、入所する子どもを保育するとともに、家庭や地域の様々な社会資源との連携を図りながら、入所する子どもの保護者に対する支援及び地域の子育て家庭に対する支援等を行う役割を担うもの」（保育所保育指針 第1章 総則 1 保育所保育に関する基本原則）ともされており、在園児に限らない地域の子育て家庭支援への期待も大きい。

幼稚園についても、「子育ての支援のために保護者や地域の人々に機能や施設を開放して、園内体制の整備や関係機関との連携及び協力に配慮しつつ、幼児期の教育に関する相談に応じたり、情報を提供したり、幼児と保護者との登園を受け入れたり、保護者同士の交流の機会を提供したりするなど、幼稚園と家庭が一体となって幼児と関わる取組を進め、地域における幼児期の教育のセンターとしての役割を果たすよう努めるものとする」（幼稚園教育要領 第3章 教育課程に係る教育時間の終了後等に行う教育活動などの留意事項）とある。

以上のような幼稚園・保育所の役割、すなわち、子どもの発達保障、保護者の就労等の支援、地域の子育て家庭支援は、認定こども園においては努力義務を超えて必ず担うものである。幼稚園や保育所等がその役割を果たすための活動を広く保育実践と呼ぶとすれば、直接的な子どもとの関わりを超えた社会的な活動もまた広義の保育実践と捉えることができる。そしてその営みには必然的にコミュニティーワーク、さらに保育ソーシャルワークが含まれることとなる。

2　保育実践と家庭、社会

　そもそも保育現場が在園児の発達を保障しようとすると、園内の保育時間内だけの活動では果たせないことに容易に気付く。保育所では衛生面に十分に配慮して乳児のおむつ替えを行っていても、週明けにはおむつかぶれでおしりを赤くして登園する子どももある。あるいは、たとえ保護者の善意であっても、休日に子どもが連れ回されて月曜に疲れ果てた姿で登園して、他児とうまく関われなくなることもある。家庭との連携は不可欠である。

　しかし、家庭での虐待事例に明らかなように、保育現場がそこへ直接働きかけるだけでは解決しない問題も少なくない。むしろ直接保護者を注意するようなやり方では、保育者の声をうるさがったり問題の発覚を恐れたりする保護者が子どもを登園させなくなって、閉ざされた家庭という空間の中で子どもが命を失うという最悪の結果につながることもあり得る。保護者への慎重で適切な働きかけ方が求められることになる。

　また、そのような保護者には、地域社会から孤立した不安や厳しい経済状況、自らが被虐待児であった経験など配慮すべき状況が存在することも多い。保育者は園内にとどまらず、子どもの家庭や広く社会へ開かれた目を持つ必要がある。そして同時に、自らの限界を知って、必要に応じて児童相談所等の地域の専門機関と連携することも求められる。保育現場においてソーシャルワーク（社会福祉援助技術）が不可欠となる所以である。

　しかし、このような社会へ開かれた活動は、日本における保育の歴史の中で、最近になって始まったことではない。例えば、戦前に東京のスラムで保育活動を営んだ二葉保育園新宿分園では、1919（大正8）年に不就学児童のための小学部を附設し、1922（大正11）年に地域の貧しい病人のために分園治療室を利用した夜間診療部を設けて、保母たちが患者の世話にあたっていた。その後さらに廉売部や五銭食堂の開設に及ぶなど、その活動はむしろ保育実践の枠を大きくはみ出して、「地域生活改善の実践」[1]というべきものであった。

　近年の保育現場における子育て家庭支援に直接つながる取り組みとしては、例えば、1951（昭和26）年に賀川豊彦が東京都江東区に開設した神愛保育園の実践が挙げられよう。1958（昭和33）年に弱冠23歳で園長（代理）に就任した新澤誠治は、「地域からの告発者のように酔っては園にやってくる」男性から「園

長の経営姿勢、保育園の果たす役割など多くのことを教えられ」たという。[2]

　社会福祉法人雲柱社本部勤務の3年間を経て、1969（昭和44）年に園長に復帰した際、新澤は「保育園を地域のコミュニティーセンターにしたい」[3]との目標をたてていた。本園が認可を受けたのは1966（昭和41）年であるが、認可外の時代から培った地域とのつながり、そしてその中での一時保育や障碍児の受け入れの経験などは、その後紆余曲折を経ながらも、今日の「子ども家庭支援センター　みずべ」の活動に開花している。

　江東区内には公設民営による家庭支援センターが5カ所あり、そのうちの4カ所は雲柱社が運営する通称「みずべ」である。そこでは、「子育てひろば」の柱として「遊びふれあい」「学びあい」「育てあい」「支えあい」「分かちあい」が掲げられている。その中で、地域の多くの同じ悩みをもつ保護者同士が交流し、子育てが安心なものになるように配慮される。加えて、「南砂みずべ」には虐待ホットライン（専用電話）、相談窓口が設けられ、「江東区要保護児童対策地域協議会」につなげて、他の関係機関と協働するなどしている。[4]

　虐待についてさらに触れれば、にわかに信じがたいが、「ケガとか、アザはまずいなぁと思って。結局、トイレの水を飲ませたり、スリッパで踏みつけたご飯を食べさせたりしちゃった」「ワケわかってない息子が、水を飲んだりご飯を食べたりすると、胸の中がスゥーとするの」[5]と語り、そのような自分が怖くて葛藤する保護者もいるという。彼女は、結局育児サークルに参加することでそのような状況から抜け出せたという。やはり大切なのは社会とのつながりであり、自らその力がない人には、つなげてくれるワーカーの存在が重要である。

　もう1つ、日本の保育の歴史の中から、1980（昭和55）年頃に話題となったベビーホテル問題を取り上げたい。ＴＢＳ報道局が「テレポートＴＢＳ６」(1980年3月～1981年2月)で特集を組んで明らかにしたその実態も、にわかに信じがたいものであった。番組の内容は、「厚生省の児童家庭局長も"行政上の対象とならず、野放しである"との発言」(1980年4月30日)、「ほとんどのベビーホテルが雑居ビルやマンションなど防災上、危険な建物にある」(同年6月6日)「ベビーホテルで多発している赤ちゃんの死亡事故に焦点」(同年9月8日)などであり、大きな反響があった。[6]

　このような状況の野放しは一応なくなり事態は改善されたが、問題はそこに通う子どもたちとその保護者の家庭が、保育の分野でうまく社会とつながって

いなかったことにあろう。1981（昭和56）年1月16日の番組では、利用者450人に対する面接調査の結果、その9割が仕事のために利用している実態を明らかにしている。しかし、その劣悪な環境を改善したり、他に活用できる社会資源を見つけたり生みだしたりしていく動きには結びつかなかったのである。

　子どもの育ちを保障するのは、家庭だけでも保育現場だけでもない。後者の立場からは、真によい保育を行おうとすれば、家庭と連携し社会へ開かれた目を持って活動せざるを得ない。ベビーホテル問題のような負の歴史への反省を含みつつ、そのような前向きの取り組みは日本の保育に蓄積されている。今に始まったことではなく、「個人・集団・地域社会に対して、社会資源（問題解決のために活用できるすべてのサービス）を活用して、生活課題の解決を図る」ソーシャルワークが求められてきたことが理解できる。

3　学校現場における教育実践と社会

　保育学生が最初に抱いている保育者イメージとは、多くの場合、幼稚園教諭と保育所保育士のそれである。大多数の保育士は保育所勤務であり、児童養護施設や乳児院などのその他の児童福祉施設で働く者は相対的に少ない現状では、それも頷ける話である。また、保育士不足の中でその養成が「すでに短期大学で取り組まれていた幼稚園教諭養成とのタイアップにつなが」り、社会福祉関連科目の減少があったことなども影響しているものと判断できる。

　すなわち、あえていえば保育士の仕事は「社会福祉」というより「教育」を担うものというイメージが強まったということである。それは同時に、先に挙げた戦前の二葉保育園のような子どもの家庭の貧困は、今の保育所にはイメージできなくなっているということでもある。戦後の数十年間で、むしろ保育所保育士の職業意識から、家庭や地域社会との関連が少しずつはずれていったのかもしれない。

　しかし一方で、学校教育の世界でも、家庭や地域との関わりがこれまで意識されなかったということはなく、戦前の学校現場でもこれに関わる具体的な取り組みが行われていたことも忘れてはなるまい。例えば、小学校の運動会は村を挙げての行事であったり、僻地においては教師の赴任を地域住民がみんなで迎える姿もあったりしたのである。

　1926（大正15）年、千葉県君津郡長浦村（現・袖ヶ浦市）の小学校に着任した平

野婦美子は、村の子どもたちの不衛生に対して、「村の文化人であるところの医師や教師、巡査などが協力して当たらなければならない[10]」と述べていた。眼病、皮膚病、栄養不良の子どもが多いこと、しかしそうしたことに家族が関心をもたないことを踏まえての言葉である。

さらに、村人の話題の狭さを憂え、校長や教員たちの同意を得て「職員会の菓子代を減して新聞代を払う事[11]」にして、村の小字の辻に掲示版を設置して新聞を張り出している。結果、「村の大人も子供もこの掲示板を囲んで前よりましな話題やら、談笑やらが語られるようになつた[12]」という。特に青年や子守の老人たちが喜んでくれて、中には縁台をもってきてここで半日を過ごす者も現れた。平野は、そのような大人たちの姿勢から、子どもたちが将来、毎朝目にする新聞から諸々の事象に発憤するようになることを夢見るのである。

このような記述には、若い教師の真摯な努力に加えて、文化人がそうでない者を上から一方的に啓蒙しようとする姿が見えるかもしれないし、あるいはこのような傾向は、先の二葉保育園新宿分園の営みにすら感じられるかもしれない。しかしここから読み取りたいのは、学校教育や保育所保育を行うにあたって、その前に立ちはだかる人々の暮らしの現実であり、避けずにそれと向かい合おうとする教育者や保育者の姿勢である。

子どもたちの発達保障を願うときに、保育者や教育者は目の前の子どもたちの現実、家庭や地域社会の現実から目を背けてはならないし、それに正面から向き合おうとしてきた事実が戦前からあったということである。その背景にあるのは、人々の貧困問題であったが、それによって保障されないままになりかねない子どもたちの育ちについて、子どもや保護者の責に帰するのではなく、社会における人や組織、暮らしや労働の関係性にも着眼していることを評価したい。

4　保育実践と福祉マインド

保育士の仕事は、学校の一種とされる幼稚園の教諭のそれとの類似性で語られることが多かった。それは保育所と幼稚園で対象児の年齢が重なることはもちろん、両者の養成が一体的であったことにも起因する。しかしそれだけでは、福祉の領域で積まれてきたソーシャルワークの理論と経験が、幼稚園はもちろん保育所にも活用され難いこととなる。

しかし現在、現実の要請はそのような状況にない。虐待や貧困の問題を抱える家庭もあるし、地域社会から孤立した家庭もあって、保育現場内での保育者たちの努力だけでは幼い子どもたちの発達保障が十分に行えない場合が少なくないからである。保育者の仕事はケアワークが中心と捉えられているが、それ以上の営みを放棄しては、結局のところ、子どもの育ちを支えられないこととなる。

　というより、すでに幼稚園や保育所の役割は、在園児に対するケアワークに限定されず、法令上も保育士が「児童の保育及び児童の保護者に対する保育に関する指導を行うことを業とする者」（児童福祉法第18条の4）とされるように、保護者に対する直接的な対応も必須である。そして、在園児やその保護者との関わりの中で、あるいはさらに地域の子育て家庭支援を行う中では、児童相談所や市町村行政、民生委員・児童委員や小学校など他の機関と連携して事に当たる必要も出てくる。

　保育士ならば今一度福祉専門職としての確認がなされてよいし、幼稚園教諭にも同様の福祉マインドが求められるべきであろう。幼児期の子どもたちにも、食生活、自制心・規範意識、運動能力、コミュニケーション能力など様々な面で、配慮を要する状況が生じている現在、狭い意味でのお勉強的な机上での学習に限らない、より広い視野からの教育と養護が一体となった保育の営みが社会的に求められる。学校階梯に位置づく幼稚園でも同様の配慮は不可欠である。

　ここで関連して、先に紹介した平野婦美子の実践記録の中から、女子師範学校時代の友人との会話に注目したい。「冬休みになつたら、父にどこか適当な医者に紹介してもらつて、そこへ住込み、包帯の巻き方やら、応急処置法やら、眼の洗浄法やら、学校衛生に必要な実習をさせて頂かうと思ふ」[13]平野に対して、友人は次のように言う。「私達は教師なんですもの。何もお医者様の家へ住み込んでまで看護婦のまねなどしなくても毎日の教材を教へてればそれでいいんぢやないの」[14]。

　もちろん今日では、忙しい教師が看護師の仕事まで学ぶのは現実的でなく、専門の医療機関とつながることが大切であろう。当時にあっても平野の友人のような意見があったのもわかる。しかし村の子どもたちの現実の中で、自らの役割を狭く限定しては結局教育も成り立たなかった平野の置かれた状況とその熱意も理解すべきである。そして実は学校教育においても、学校を社会から隔

絶して考えず、その中に位置づける発想が実践の中にしっかりとあったことに留意したい。

　小学校のような学校現場にも福祉マインドはかねてから存在したし、それは今日なお求められるものである。まして養護と教育の不可分性が主張される幼稚園や保育所といった保育現場ではなおさらである。その役割として、地域社会の中で子育て支援を担う保育現場が他の機関と連携していく社会的な視野をもつことの重要性は強調されなければならない。

　特に今日ニーズが高まっている特別支援教育の分野では、子ども自身の障碍に起因する一次的な課題に加えて、家庭環境によって様々な二次的な問題が生じているといわれる。子どもの兄弟の障碍、保護者の発達上の課題、家庭の貧困、虐待・ドメスティックバイオレンスなどの問題が重複することもあり、この分野を担当する教師や保育者には、特に福祉諸制度の理解、ソーシャルワーカー的な活動を担う力量も必要となることがある。

おわりに

　幼稚園や保育所などにおいて、保育者が園外の社会資源の存在をよく知ってそれらを活用し連携することの意義は決して小さくない。保育ソーシャルワークの必要性である。その前提として、保育士はもちろん、たとえ幼稚園教諭であっても、福祉職的な働きを担える力量が必要になる。障碍、貧困、虐待など今日の子どもたちの育ちに大きく関わるものの、保育現場のみでは対処しがたい問題が多く存在する中で、それは保育者に求めなければならない重要な資質の1つであろう。

　しかし同時に、多忙化する保育現場の労働実態からすると、幼稚園教諭や保育士以外に専門職としてのソーシャルワーカーを配置していくことも考えられる。というより、そもそもそれは保育者本来の専門性と異なるものかもしれない。この点についてもすでに議論があるが、現状では保育現場への新たな人員配置は難しいと思われるし、代わって実質的に園長や副園長がその役割を担うことも考えられる。

　近年、学校や保育の現場ではソーシャルワークの必要性はすでに否定できないところに来ていると判断できる。しかし同時に、保育現場でもワーカー職の配置の仕方、あるいはケアワークを中心とする保育者の仕事との調整など課題

は大きい。今後はさらなる議論の積み重ねが現場においても求められることになろう。

注
1) 上笙一郎・山崎朋子『光りほのかなれども　二葉保育園と徳永恕』1980年、193頁。
2) 新澤誠治『私の園は子育てセンター　共に育て、共に育つ保育』小学館、1995年、22頁。
3) 同上、48頁。
4) 新澤誠治『「みずべ」にはじまった子育てひろば　拡大する地域の保育ニーズと江東区「子ども家庭支援センター」』トロル出版部、2014年。
5) 石川結貴『家族は孤独でできている』毎日新聞社、2006年、35-36頁。
6) 堂本暁子編『ベビーホテルに関する総合調査報告』晩聲社、1981年、336-338頁。
7) 同上、339頁。
8) 相沢譲治編『新版　保育士をめざす人のためのソーシャルワーク』みらい、2005年、13頁。
9) 鶴宏史『保育ソーシャルワーク論——社会福祉専門職としてのアイデンティティ——』あいり出版、2009年、36頁。
10) 平野婦美子『女教師の記録』西村書店、1940年、106頁。
11) 同上、121頁。
12) 同上、123頁。
13) 同上、109頁。
14) 同上、110頁。

参考文献
柏女霊峰『子育て支援と保育者の役割』フレーベル館、2003年。
金子恵美『増補　保育所における家庭支援——新保育所保育指針の理論と実践——』全国社会福祉協議会、2008年。
新澤誠治『子育て支援　はじめの一歩』小学館、2002年。
千葉千恵美『保育ソーシャルワークと子育て支援』久美、2011年。
土田美世子『保育ソーシャルワーク支援論』明石書店、2012年。
橋本好市・直島正樹編著『保育実践に求められるソーシャルワーク　子どもと保護者のための相談援助・保育相談支援』ミネルヴァ書房、2012年。

第9章
障がいのある子どもの支援としての保育ソーシャルワーク

はじめに

　本章では、保育所、幼稚園、認定こども園等（以下、保育施設と略）における障がいのある子ども（以下、障がい児と略）の支援について、保育ソーシャルワークの知識、技術を用いること、かつ、ソーシャルワークの原理・原則に基づく保育のあり方の有用性及び支援の際の留意点について検討するものである。なお、本章では「障がい」の「がい」はひらがな表記とする。ただし、引用箇所については原文通りに表記する。よって、多少「障がい」と「障害」が混在することを明記しておく。

　まず、障がい児保育の定義を社会福祉用語辞典で引くと、「心身に障害を有する児童を一般の施設で受け入れて行う保育のこと。また、広義には施設を限定せず障害を持つ児童に対して行う保育のことを指す」とされている。本章では、障がい児保育の実践として保育施設（及び保育者）を中心に想定し論を展開する。

　現在、障がい児保育が制度化されてから四半世紀を迎えようとしている。時代の変化とともに、子どもたち、保育施設、保護者のありようも変化してきている。この点について、浜谷直人らが次のように指摘する。「当初の特別支援対象児は、心身の障害が明確な子どもであったが、1990年ごろからは、障害の境界がわかりにくく、行動面の問題が大きく発達障害の子どもが相当な割合を占めるようになった。さらに、同様の行動でもその背景は発達障害とは限らない。家庭の問題や貧困を背景に不安定な養育環境で育つ子どもは少なくない」。浜谷らの指摘にあるように、当初想定されていた、身体障がい児、知的障がい児だけでなく、発達障がい児など、子どもの障がいも多様化・複雑化してきている。また、障がい児の家族、保護者の問題が子どもに影響をおよぼす結果も

みられる。つまり、現在の障がい児保育を見た場合、単に障がい児だけへの支援ではなく、その背景にある家庭や保護者への対応や支援が必要となってきているのである。

以下では、まず、障がい児保育の歴史的変遷を振り返り、現状を概観した後、障がい児保育に必要な保育ソーシャルワークの視点から以下の3点について考察する。1点目に、インクルーシブ保育における保育ソーシャルワークの視点について。2点目は、保育施設における障がい児保育のソーシャルワーク実践（支援のプロセスなど）の試み。3点目は障がい児保育における保育ソーシャルワーク実践の留意点及び課題について述べる。

1 障がい児保育の歴史的変遷と現状

障がい児保育の歴史を振り返ると、保育所では、1960年代〜1970年代はじめにかけて、他の子どもたちと同じように、障がい児の保護者を中心に保育所に自分の子どもを通わせたいという思いや、自治体によっては市民の要求に応える形で障がい児の保育所への入所を認める地域も存在してきた。また、国の施策としては、1973年11月、中央児童福祉審議会の「当面推進すべき児童福祉対策について（中間答申）」では、統合保育の必要と効果が示されている。これらを背景に、厚生省（現・厚生労働省）は1974年に「障害児保育事業実施要綱」を定め障がい児保育制度が保育制度の1つとして動き出した。

一方、幼稚園における障がい児保育は、1971年の中央教育審議会答申「今後における学校教育の総合的な拡充整備のための基本施策について」などを受けて、文部省（現・文部科学省）が1974年に「心身障害児幼稚園助成事業補助金交付要綱」（公立幼稚園）と「私立幼稚園特殊教育費国庫補助金制度」を公布し、幼稚園での障がい児の受け入れに対する公的保障が行われることとなった。1979年には養護学校が義務化されたが、幼稚部はその対象とされなかったために障がい児の就園率は極めて低い状態であったとの指摘がある。その後、2007年4月から特別支援教育が始まり現在に至っている。

次に、障がい児保育の現状について、内閣府「障害者白書」（2017年版）によると、1994（平成6）年当時、障がい児の受け入れ保育施設は4381カ所で障がい児数は6373人あった。2015（平成27）年では7668カ所、1万2286人となっている（図9−1参照）。

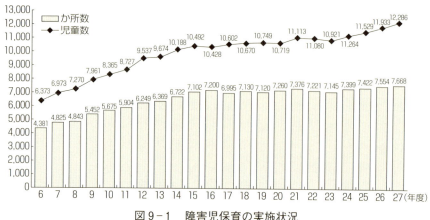

図9-1　障害児保育の実施状況

注：児童数は、特別児童扶養手当支給対象児童数。
資料：厚生労働省。
出典：内閣府『障害者白書』平成24年版。

　また、障がい児保育の推進として、「平成27年度より施行した子ども・子育て支援新制度においては、①障害のある児童等の特別な支援が必要な子供を受け入れ、地域関係機関との連携や、相談対応等を行う場合に、地域の療育支援を補助する者を保育所、幼稚園、認定こども園に配置、②新設された地域型保育事業について、障害のある児童を受け入れた場合に特別な支援が必要な児童2人に対し保育士1人の配置を行うこととしている。さらに、保育現場におけるリーダー的職員を育成するため、平成29年度より開始する「保育士等キャリアアップ研修」の研修分野に「障害児保育」を盛り込み、障害児保育を担当する職員の専門性の向上を図ることとしている」とより一層の障がい児保育を推進していくことが示されている。

2　インクルーシブ保育と保育ソーシャルワーク

　これまでの障がい児保育の特徴である、集団の中に障がい児を受け入れるという統合保育の考え方から、保育施設が多様なニーズを持つ集団の生活の場であるインクルージョンの考え方へと転換してきている。障がいの有無ではなく、すべての子どもが保育の対象となること、健常児と障がい児が共に保育の

場で育ち合う環境がノーマルな状態、といったインクルーシブ保育の実現可能性や、そのための療育システム（保育の専門性などを含む）の整備の必要について指摘されている[9)10)]。しかし、2007年から始まった特別支援教育は、まだ分離教育にとどまっているとの指摘もあり問題や課題が多いことも記しておきたい[11)]。

さて、このインクルーシブ保育を実践するためにはどのような手立てが必要であろうか。統合保育で障がい児が保育や教育を受ける権利を有することが自明のもととなり、一般社会からも一定の理解を得たことは言うまでもない。2006年12月13日に国連総会で採択され、2008年5月3日に発効された「障害者の権利に関する条約（Convention on the Rights of Persons with Disabilities）[12)]」でも、インクルーシブ・エディケーション・システム（inclusive education system）という教育方法が示され、障がいを理由に子どもを分けるのではなく共に育ち、共に学ぶ保育・教育への転換が図られている[13)]。つまり、統合から共生への転換であり、様々な個別性を持つ子どもたちが相互関係を持ちながら共に育まれる保育環境が求められているといえよう。

このインクルーシブ保育の実践において重要な視点は、個別性の理解、人権と人間の尊重といったソーシャルワークの原理に基づくものである。同時に、障害のあるなしに関わらず、子どもにとって必要な支援については、合理的な配慮をもって行うことである。このことからもインクルーシブ保育の実践においては、ソーシャルワークの視点が重要な意味を持つと考える。

障がい児保育においてインクルーシブ保育を実践するためには、保育施設、学校（小学校）、障がい児（本人）と健常児、さらに家族、地域社会、行政、療育施設など様々な機関が協働して子どもの最善の利益のために支援していくことが必要である。この本人を中心としたエコロジカル（生態学的視座）・アプローチは障がい児保育の1つの実践方法であろう[14)]。この点について、山根正夫[15)]は「今日の課題として障害者施策との関連で、本人を中心とした保育の視点から、エコロジカルなシステムからの分析もある」と指摘し「さまざまな人びと、機関が協働して、子どもの最善の利益を志向するコラボレーション」の必要について述べている。また、山根はコラボレーションの例として、発達障がい児を想定し、親、家族、職場の同僚とのコラボレーションでは、子どもの問題行動やその起因する要因などについて理解不足があると指摘し、親と保育者との間でも大きな認識のズレが生じる恐れがあるとも述べている[16)]。すなわち、保護者とその身近な家族、地域社会においても障がい児への認識にズレがあると同時

に、保育現場においても保護者と保育者との間に子どもを捉える視点によっては、互いが反目しあう状況にもなりかねない。つまり、障がい児に関わる保護者、家族、地域社会、保育者など、それぞれの立場によって障がいの当事者である子どものとらえ方に相違が生じてしまう可能性があることに留意しなければならない。

そこで、障がい児に関わる人々に対して、ソーシャルワークの専門知識を有する保育者[17]が保育とソーシャルワークの知識と技術の観点から、障がい児の保育と同時に、健常児、健常児の保護者、専門機関、地域社会が適切なコラボレーションができるようにコーディネートしていくことが求められる。ただし、保育者が障がい児保育のすべてを担うということではなく、専門機関や地域社会、保護者と協働して保育ソーシャルワークの視点から体系的・構造的な支援方法を見いだすことが重要になってくると考えられる。[18]

そのためには、まず、障がい児の保護者と保育者が信頼関係を構築することが最優先となる。保育者が保護者に寄り添い、支えながら一緒に障がい児を育むといった視点を持たなければならない。そして、両者の良好な人間関係をもとに、障がい児の育ちに必要な手立てを共に考え、保護者と共に専門機関と連携・協働して保育にあたることが求められる。

3 保育施設における障がい児保育のソーシャルワーク実践（支援のプロセスなど）の試み

保育施設における、障がい児保育実践においては、ケースワーク、グループワーク、コミュニティワークなどのソーシャルワークの技術を用いた支援が有効であろう。支援過程としては、①アセスメントによって1人1人の状況を把握、勘案し、②適切な支援計画を策定する。③計画に沿った保育を実践し、④事後評価（モニタリング）する。そして、評価から省察を繰り返し、⑤支援計画の見直し、再度計画の策定を行う（図9-2参照）。ただし、障がい児保育の個別支援においては、⑥終結として次のステップに進むよりも、子どもの発育・発達を評価しながら、スパイラルな支援過程をたどることが重要ではないかと考えている。つまり、保育施設では小学校への適切な移行やライフステージを視野に入れた、そして、子どもの発育・発達を見据えながら支援を継続していくことが重要であると考える。このように、保育領域ではその保育施設や対象児に親和性のあるソーシャルワーク実践のプロセスが必要である。

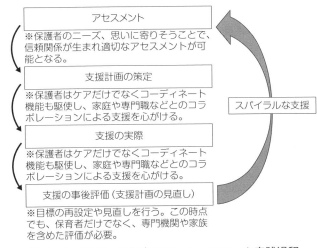

図9-2　障がい児保育のソーシャルワーク実践過程

　次に、保育所と療育機関、行政、短期大学（以下、短大と略）が協働して障がい児保育実践に取り組んだ事例を紹介する。A保育園は、過去10年間に10名の障がい児を受け入れてきた。保育所では試行錯誤の中、園内での勉強会や研修会への参加を通じて障がい児（その時は身体障がい児）の療育について学んできた。そのようなとき、筆者が勤務していた短大の保育実習がきっかけとなり、短大、保育所と保護者、それに行政、療育機関とが協働して「子育て支援事業」に取り組んだ事例である。
　事業の内容は、障がい児スポーツイベント及び子育て支援講習会の実施である。事業を通じて「子育て支援ネットワーク」を構築し、障がい児と健常児が共生できるための環境作りを目指した。
　事業の実施にあたっては、まず、保育所と地域の関連機関が「子育て支援実行委員会（以下、実行委員会と略）」を策定した。保育所から主任保育士、その他数名の保育士、障がい児の保護者、短大教員（社会福祉学、心理学、幼児教育学）、障がい者支援施設職員[19]（知的、身体の各施設相談員）、保護者会会長、行政福祉課職員のメンバーで構成した。実行委員会では、事業内容の検討、スポーツイベントや子育て支援講習会の打合せを行った。また、保育所と専門機関、大学の研究者との情報交換や障がい児保育の方法論、などについて講習を受けたり、

社会に障がいの理解を促すための方法を議論したりする機会も設けた。

事業計画の策定では、ソーシャルワークの技法を用いた。① 保育所の現状、障がい児の状況をアセスメントし内容を検討した。その結果、上述した、② 障がい児と健常児、そしてその保護者も一緒に楽しく参加できるスポーツ（音楽に合わせた体操、ボッチャ、風船バレーボール）を計画した。健常児とその保護者にも積極的に参加を呼びかけ、障がい児の理解を促す取り組みも行った。③ 支援の実際として、スポーツフェスティバル（また、アダプテッド・スポーツ教室）を開催し、障がい児8名（知的障がい4名、身体障がい1名、知的・身体重複障害1名、発達障害2名）、健常児8名、障がい児の保護者10名、健常児の保護者14名が参加した。スタッフは、保育士、養護学校教諭、小学校障がい児担当教諭、看護師、短大保育科学生、専門学校生、高校生ボランティア、実行委員会メンバーである。このイベントは3回実施したが、1回目の評価（モニタリング）によって、2回目の内容を修正した。さらに3回目はこれまでの反省点や課題から新たな計画（健常児と障がい児が共に楽しむことができる内容）を策定して実施するといった事後評価（モニタリング）を随時行い、支援（事業内容）計画の見直しを行っている。

参加者の感想として「子どもが障がいのある子どもたちを助ける姿に感動した。自然に手伝いをしている姿が印象に残った」。また、「子どもたちは障がいのあるなしに関係なく一緒に楽しんでいた。普通の仲間だなと思った」など、子どもたちがスポーツを共に楽しむことで、障がいの有無に関係なく、互いを尊重する雰囲気が自然に育まれる環境が生まれたのではないかと考えられた。

このイベントは、計画から実施まで体系化することを目指し、今後も保育所と地域社会の関連機関が協働して障がい児保育に取り組むことができることを目指したものであった。このような取り組みを通じて、日々の保育実践にソーシャルワークの手法（支援のプロセスの体系化など）を取り入れていくことができるのではないだろうか。

4　障がい児保育における保育ソーシャルワーク実践の留意点及び課題

障がい児保育の実践においては、障がい児1人1人の状況に応じた合理的配慮[20]を念頭に置く必要がある。同時に、保育施設や保育者だけで対応するのではなく、地域の専門機関と協働し障がい児保育実践にあたることが求められる。

以下に留意点を3点示し、その後、課題を述べたい。

　1点目は、障がい児保育実践における対応の基本的な考え方である。障がい児の場合、1人1人それぞれの困りごととして、社会生活を送る上での知識や技術の獲得に困難であったり、問題があって時間がかかったりと多くの手立てを必要としている。保育者の基本的な考え方として、相馬範子[21]は障がい児を含め子どもには発達する権利があり、発達を保障することを前提に保育にあたる必要があること、かつ、子どもの発達課題に対して無理のない状態で取り組み、他の子どもと一緒（インクルーシブ）に育まれ、個々の能力を高めていくための支援が必要であると指摘している。障がい児と健常児が互いに支え合い、共に育ち合う環境作りが必要であり、子どもの発達課題を適切に把握し1人1人の子どもの状況を見極めた支援が必要であるといえよう。

　2点目は、障がい児保育の実際である。日常的な障がい児への具体的な支援内容は、子どもの障がいの状況を適切に評価することから始まる。障がいの種別、特性・行動、子どものおかれている環境、求められるスキルなど様々な要素から、その子どもに適応する支援内容を考えていく必要がある。また、支援の実際では様々な理論や技法を用いて行われる。その1つに行動療法がある。行動療法にはモデリングやSST（Social Skills Training）などがあり保育場面でも日常的に取り入れられている。他にも、応用行動分析やTEACCHプログラムなど障がいの状況や獲得したいスキルに応じた技法が用いられる[22]。保育者には、このような専門知識も必要である。ただし、行動療法などの専門的な支援は保育者だけで計画、実践するのではなく、専門機関や医療機関との協働による支援が重要であり、保育者はそれらの専門職と緻密な連携を図りながら日々の保育にあたることが大切である。

　3点目は、保護者と信頼関係を構築することである。保護者の理解は障がい児保育にとって不可欠である。保護者と保育施設（保育者）、その他専門機関が共通理解（保育者間の共通理解は前提である）のもと障がい児保育を行うことが求められる。石井哲夫[23]は障がい児保育に求められる機能の1つとして、家庭支援や保護者支援の必要性について「園での生活と家庭での生活の状況を互いに伝え合うことで、子どもへの理解が深まり、保護者の悩みや不安を共有して支えていくことが可能となる」また、「このような連携によって、保護者が担当の保育者や園を信頼し、子どもについて共通理解のもとに協力し合う関係を形成すること」が求められると指摘する。保護者支援では保護者を1人の個人とし

て尊厳を尊重すること、保護者に寄り添い、思いに共感し受容すること、などケースワークの原則として有名な「バイステックの7原則」を念頭に支援することも保護者との信頼関係を構築する1つの技術である。

　以上のことを念頭において、1人1人の子どもの発達を視野入れ、障がいの有無に関係なく、それぞれの子どもたちが共に健やかに成長するための手立てとして、保育ソーシャルワークの知識・技術を用いた支援が重要な意味を持つと考える。

　次に、障がい児保育における保育ソーシャルワークの課題を示したい。今求められるのは、保育者のソーシャルワークに関する知識と技術の研修・教育体系の構築である。これまでも、保育現場ではソーシャルワークを意識しないなかで、障がい児保育の実践が行われてきている。支援内容を振り返ってみるとそれは、ソーシャルワークの支援過程をたどったものであった、など無意識の中、保育指導や保育相談、保育実践として実施されてきたといえる。しかしながら、それらの実践は体系化、構造化されたものではなく、保育者の力量によって実践できたり、できなかったりと不安定な支援である。さらに、専門性の高い保育者とそうでない、新人の保育者では子どもへの支援に格差が生まれる危険性もある。そこで、今後の課題の1つとして、障がい児保育実践に関する保育ソーシャルワーク教育が必要であり、リカレントや園内研修を通じてそれぞれの保育施設に親和性のある研修・教育環境を整え、体系的・構造的な障がい児保育の支援形態を構築することが求められよう。

おわりに

　障がい児保育においては、ソーシャルワークの知識と技術だけで対応できるものではない。そこには、保育の知識・技術など子どもの発育・発達を支える保育の専門性が基盤となる。ゆえに、保育者が保育ソーシャルワークの知識と技術を習得し保育とソーシャルワークの双方の観点から障がい児保育を進めることで、障がい児だけでなく、すべての子どもの最善の利益を考えた、保育実践が可能となるのではないだろうか。

　しかし付言するならば、すべてのことを保育者が担うということではない。専門機関などと連携・協働して互いの専門性を生かす取り組みが重要である。障がい児保育実践において、保育者が専門機関、家族、地域社会などとの関係

調整を行い、子どもの育ちを支えていくことも求められる。保育者には子どもの保育だけでなく、多くの責務が課せられていることになるが、そのためには、保育者の支援や教育・研修を体系化し、保育者の負担を少しでも軽減することも考えておく必要がある。

注

1) 山縣文治・柏女霊峰編『第9版　社会福祉用語辞典』ミネルヴァ書房、2013年、186-187頁。
2) 浜谷直人・五十嵐元子・芦澤清音「特別支援対象児が在籍するクラスがインクルーシブになる過程——排除する子どもと集団の変容に着目して——」『保育学研究』第51巻第3号、45-56頁。
3) 酒井教子「名古屋市における統合保育の歴史と課題」『名古屋市立大学大学院人間文化研究科人間文化研究』第8号、157-171頁。
4) 中央児童福祉審議会「当面推進すべき児童福祉対策について（中間答申）」http://www.ipss.go.jp/publication/j/shiryou/no.13/data/shiryou/syakaifukushi/71.pdf（最終確認2014年5月28日）。
5) 川上輝昭「特別支援教育と障害児保育の連携」『名古屋女子大学紀要』第51号、2005年、139-150頁。
6) 佐伯文昭「保育所・幼稚園における巡回相談について」『関西福祉大学社会福祉学部研究紀要』第16巻第2号、2013年、85-92頁。
7) 川上前掲論文。
8) 内閣府「平成29年版　障害者白書」http://www8.cao.go.jp/shougai/whitepaper/h29hakusho/zenbun/pdf/s3_2-1-3.pdf（最終確認2018年2月1日）。
9) 浜谷・五十嵐・芦澤前掲論文。
10) 山本佳代子・山根正夫「インクルーシブ保育実践における保育者の専門性に関する一考察——専門知識と技術の観点から——」『山口県立大学社会福祉学部紀要』第12号、2006年、53-60頁。
11) 堀智晴「序章　インクルーシブ保育の理論と実践」、堀智晴・橋本好市編『障害児保育の理論と実践——インクルーシブ保育の実現に向けて——』ミネルヴァ書房、2010年、2頁。
12) 外務省「日本と国際社会の平和と安定に向けた取組」http://www.mofa.go.jp/mofaj/gaiko/jinken/index_shogaisha.html（最終確認2014年5月10日）。
13) 堀前掲書、2頁。
14) 伊藤良高「第3章　保育ソーシャルワークと保育実践」、伊藤良高・永野典詞・中谷

彰編『保育ソーシャルワークのフロンティア』晃洋書房、2011年、20頁。
15) 山根正夫「第1章2　保育施策の動向と障がいのある子どもの保育」、水田和江・増田貴人編『障害のある子どもの保育実践』学文社、2010年、16頁。
16) 同上、17頁。
17) 保育ソーシャルワークの主体については多くの論者が議論している。その主体は保育士が主流であり、保育士が社会福祉士資格を有する者、あるいは、保育者や保育・幼児教育に関わる者で一定の養成研修を修了した者（この点は今後の課題）、教育福祉の大学院教育を終了した者、などが挙げられる。この点については、鶴宏史『保育ソーシャルワーク論──社会福祉専門職としてのアイデンティティ──』あいり出版、2009年；伊藤良高・永野典詞・中谷彰編『保育ソーシャルワークのフロンティア』晃洋書房、2011年に詳しい。
18) 伊藤・永野・中谷編前掲書、21頁。
19) 障がい者支援施設に通園及び訪問指導を受けていた障がい児が保育園に在籍していた。
20) 合理的配慮について、「障害者の権利に関する条約」第2条の定義では、「合理的配慮」とは、「障害者が他の者と平等にすべての人権及び基本的自由を享有し、又は行使することを確保するための必要かつ適当な変更及び調整であって、特定の場合において必要とされるものであり、かつ、均衡を失した又は過度の負担を課さないものをいう」と定義されている。文部科学省 http://www.mext.go.jp/b_menu/shingi/chukyo/chukyo3/044/attach/1297380.htm（最終確認2014年5月28日）。
21) 相馬範子『障がい児の保育と発達の原則──ブレインサイエンスと生活リズムの視点から──』東洋書店、2012年、14頁。
22) 藤原直子「第2章4 障害への対応」、八木義雄・秋川陽一・倉石哲也監修、平山論編著『障害児保育』ミネルヴァ書房、2008年、41-44頁。
23) 石井哲夫『障害児保育の基本──園は特別支援を必要とする子どもたちとの共生の場──』フレーベル館、2010年、23-24頁。

第10章
保育スーパービジョンの実際
―― 理論と動向 ――

はじめに

　日本における児童福祉は一定の制度的な枠組みのもとで総合的かつ体系的に推進されているが、生活課題としてのニーズを有する利用者（以下クライアント[1]）への実際の援助実践は"ソーシャルワーク"という専門的援助技術を通じて展開されている。社会福祉の領域における保育は多岐に渡るが、本章においてはソーシャルワーク実践としての保育を中心に論じる。

　近年、保育所の地域における保護者への子育て支援の役割が注目されている。この点は2008年3月改定厚生労働省「保育所保育指針」において明示され、2018年4月より施行された「改定保育所保育指針」（2017年3月）においても踏襲されている。すなわち、その中心的役割を担う保育士は、これまでの乳幼児の発達支援、生活支援としての保育を通じて蓄積してきた専門性を有しているが、その専門性を踏まえ、保護者への相談援助等も含めた児童福祉施設における社会福祉専門職（以下、ソーシャルワーカーと略）としての役割の強化が図られているといえよう。

　また、保育所長・主任保育士等リーダーの保育所職員の資質向上に資する指導、助言の有用性が指摘されており、この点はソーシャルワークの関連技術であるスーパービジョンを示唆するものである。さらに、全国保育士会による「子育て相談・援助技術専門研修会」において「保育スーパーバイザー養成研修」としてOGSVモデルによる基礎的相談・援助技術のロールプレイ形式による演習やケアマネジメント・システムを用いた問題解決システムの習得といった[2]リカレント教育が毎年開催され、保育スーパービジョンが注目を集めている。

　本章では、保育ソーシャルワークの観点から、保育実践及び保護者支援・子育て支援活動における保育スーパービジョンの特質と機能について俯瞰的に論

考することにより、保育スーパービジョンをめぐる動向、背景を整理した上で当面の課題について論じていきたい。構成は以下のようになろう。まず、1．スーパービジョンの萌芽と日本におけるスーパービジョンの諸相を概観する。次に、2．保育ソーシャルワークをめぐる議論について、主な論点と内容を整理、叙述する。それを踏まえた後、保育スーパービジョンをめぐる論点について検討した上で、最後に当面の課題について指摘しておきたい。

1　スーパービジョンの萌芽と日本におけるスーパービジョンの展開

　スーパービジョンはソーシャルワークや臨床心理、看護、教育など対人援助の分野で古くから用いられてきた。イギリスやアメリカなどのソーシャルワーク先進国においてはスーパービジョンが不可欠なものと重視されており、1870年代にはその萌芽をみることができる。日本でソーシャルワークの領域にスーパービジョンという考え方が導入されたのは1950年代初頭と考えられる。当時は主に公的機関（福祉事務所、児童相談所、家庭裁判所など）、保健医療機関などの職員を対象に行われていたが、その実践は隆盛をみることなく現在に至っている。スーパービジョンとは、ラテン語のsuper（上）とvisus（見る）という言葉より構成されており、対人援助専門職が自らの専門性を向上させるための教育訓練の方法の一つである。高度な専門機能を背景に助言・指導を行うスーパーバイザー（以下バイザー）を俯瞰的に見る人、つまり気づきを促し、スーパーバイジー（以下バイジー）に対して専門家としての成長を促す役割を担う者として位置づけている。換言すればスーパービジョンは対人援助専門職の主体性発達のための支援と専門性を高めるための育成過程と言える。

　スーパービジョンの展開においては、高度な専門機能を背景に助言・指導を行うスーパーバイザー（supervisor）と、その受け手であるスーパーバイジー（supervisee）との間に、専門知識と技術を成立させる価値体系と規範が不可欠な要素となっている。その方法としては、臨床心理学、相談心理学、カウンセリング、コミュニケーション論などを背景とする理論やトレーニングの種類があるが、日本においては事例検討会、面接技術のロールプレイ、交流分析[3]、感受性訓練、エンカウンター[4]等が多用されている。

　アメリカのスーパービジョン研究の第一人者であるカデューシン（kadushin. A.）の大著『ソーシャルワークにおけるスーパービジョン』[5]以降その機能を

(1)支持、(2)教育、(3)管理、(4)評価と整理されてきている。なかでも対人援助専門職として成長していく上で豊富な経験のある熟練者から指導を受け、自らの知識・技術を向上させる教育的スーパービジョンが重視されていた。その後、スーパービジョンは対人援助専門職に対する教育のみならず、その人が所属する組織の中で専門職としての望ましい働き・機能をしているかという評価も含めた管理的側面にも焦点があてられるようになってきた。バイザーはバイジーのクライアントの有効な援助への効果を企図し、助言・指導を与えて支援する、さらにバイジー自らの援助観や援助内容を内省すると共に自己覚知の機会を提供するものである。よって、その受け手であるバイジーとの間に、専門知識と技術を成立させる価値体系と規範が不可欠な要素となっている。すなわち、スーパービジョンとはケアマネジャーのスキル向上を通じ、クライアントとの援助関係・福利を良好なものにするためのトレーニング方法であり、感情労働・臨床に対峙するケアマネジャーをサポートする方法といえよう。

1990年代以降、日本のソーシャルワークは大きな転換期を迎え、社会福祉基礎構造改革後、より高度な知識や技術を有する専門職の養成が求められるようになった。そのような背景からソーシャルワーカーに対する、クライアントの複雑な生活背景からニーズをアセスメントする視点、有効な援助関係を形成するためのスキルアップの必要性が求められるようになった。その後2000年の公的介護保険制度の成立にともない、高齢者福祉の領域にケアマネジメント理論が導入され、新たな資格制度のもとで介護支援専門員（以下ケアマネジャー）がその中核を担う専門職として位置づけられた。当時、厚生省（現厚生労働省）がケアマネジャー指導者研修で奥川幸子によるグループ・スーパービジョンの概念モデルであるOGSVを採用し、スーパービジョンという用語が普遍化する契機となった。[6]

近年、日本のソーシャルワークにおけるスーパービジョンという用語は普遍化し、先行研究においてもスーパービジョンが様々な効果をもたらすことが指摘されている。しかしスーパービジョンはバイジー個々人の専門的価値、知識、技術を向上させるためのツールとして認知されている傾向にある。また、組織的スーパービジョン体制の効果性や重要性に関する認知は低く、特に施設の管理者においては、その必要性を軽視している傾向すらうかがえる。この点について福山和女は「スーパービジョン体制構築の必要性が強調されはじめたのは、つい最近の動向である。しかし、スーパービジョン体制が専門職の人々に

どのように貢献できるかは具体的に明示されていないのも事実である[7]」と指摘している。このように、日本においてはスーパービジョンの意義や方法等が不明瞭なまま一人歩きしてしまっている。その背景にはケアマネジメントのみならず対人援助臨床現場においてみられる共通する深刻な問題としてスーパービジョン体制の不備が挙げられよう。

2 保育ソーシャルワークの動向

2003年7月に国、地方自治体及び企業における10年間の集中的・計画的な取り組みを促進するため、「次世代育成支援対策推進法」が制定された。その基本的な考え方として、保育所等が地域子育て支援センターとして、広く地域の子育て家庭の相談に応じるとともに、虐待などに至る前の予防対応を行うなど、一定のソーシャルワーク機能を発揮していくことが必要である[8]」と子育て支援施策の基本的方向の1つとしてのソーシャルワーク機能の発揮・強化が打ち出されるとともに、その機能を担う保育士の専門性向上についての提案がなされた。厚生労働省・次世代育成支援施策の在り方にする研究会「社会連帯による次世代育成支援に向けて」は、こう記している。「保育所等が地域子育て支援センターとして、広く地域の子育て家庭の相談に応じるとともに、虐待などに至る前の予防対応を行うなど、一定のソーシャルワーク機能を発揮していくことが必要である[9]」。「保育所が地域子育て支援センターとして、家庭の子育て力の低下を踏まえ、ソーシャルワーク能力など専門性を高めていくことが求められる[10]」。このように、近年増加しているソーシャルワーク的支援を必要とする家庭の子育て支援などの新たな対応に向け、保育士等をこうした役割を担うスタッフとして養成することを提案している点が注目される。

また、2008年3月「保育所保育指針」（厚生労働省・児童家庭局保育課）においては保育士が担う一部のソーシャルワーク機能として、相談援助の専門性、家庭や地域社会との密な連携、虐待予防、アドボケート（権利擁護）機能などが今日的視点として強調されている。これらは乳幼児の発達支援、生活支援を主とするミクロ（個別）・レベルの保育から、保護者支援（入所児童の保護者への支援）・地域子育て支援（在宅子育て家庭への支援）といったメゾ（地域）・レベルへという質的転換を求めるものといえよう。この点について網野武博は子育て支援、特に保護者に対するケースワーク（個別援助技術）を主とした相談援助という専門

機能にふれながら、保育所の対象が在園する子どものみから、地域の保護者へと広く拡大したことが、今後、保育士がソーシャルワーク機能を強化すべき必然性であると述べている。[11]換言すれば、保育ソーシャルワークの基本視点として、子ども、家庭、地域をホリスティック（全人的・包括的）にとらえる視点に立脚したソーシャルワークの展開や保護者、関連機関との連携など、子育てをめぐる協働性の開発といったコミュニティワーク（地域福祉援助技術）機能やケアマネジメント機能を示唆しているといえよう。このように、保育士等の役割が自己完結的であったミクロ（個別）・レベルの実践を、メゾ（地域）・レベル、マクロ（制度、政策）・レベルへと拡大していくことが社会的・時代的要請となっており、保育ソーシャルワークの基本的視座といえよう。

　さらに伊藤良高は、新たな保育所機能を展開する上で保育士の専門性についてふれながら、近年増加している家庭の子育て支援などの新たなニーズへの対応に向け、保護者支援・子育て支援をスペシフィックに担う人材の養成、教育していくシステムの在り方を先験的に明示している。[12]他にもミクロ・レベルにおいては子育て支援の実践にソーシャルワーク的視点を導入する主張、自立支援・家庭支援のソーシャルワーク具現化の際のスキル、課題解決型のアプローチの必要性等の主張があり、近年、今堀美樹[13]、鶴宏史[14]、山本佳代子[15]らを中心に保育ソーシャルワーク論が展開されている。

　これらの先行研究を踏まえマクロ（制度、政策）・レベルに着目すると「ウェルフェア」（救貧的・慈恵的歴史を背景として有する最低限度の生活保障としての児童福祉）から「ウェルビーイング」（子どもの自己実現・権利擁護・予防・教育、協働的プログラムを重視した子ども家庭福祉）へと理念が大きく転換したという背景をうかがい知ることができる。これは1989年、国連の「児童の権利に関する条約」（子どもの権利に関する条約）の理念の具体的方向性が示され、「自立支援」「家族間の調整」「関係機関との協働」というソーシャルワーク機能が明文化されたともいえる。さらにミクロ（個別）・レベルのソーシャルワーク実践においては、既存の保育実践は乳幼児の発達支援・ケアワークというコンセプトに基づき、独自の対象とする達成すべき目標に応じて各々独自の実践を体系化してきている。保育は教育的視点にたった発達支援という子どもの生活に常時あるいは継続的、断続的にそのニーズに対応してサービスが縦断的に織り込まれていく実践であり、その専門性、役割の重要性は今後も変わらない。しかし、「児童福祉から子ども家庭福祉」へという潮流にのった子育て支援サービスのめざましい展開のな

かで、保育所における既存のケアワークプラス家族・家庭援助の視点も含めたソーシャルワーク機能の強化を重視している点がうかがえる。

このように子育て支援と関連しながら多くの研究者により保育ソーシャルワーク論が展開されるようになった。しかし、保育所の専門機能である乳幼児の発達支援、生活支援を主とする保育に加えてソーシャルワーク機能が必要であるという点は認めつつも、どこの機関が、また、誰がどのように担うのか、具体的にどのような活動をソーシャルワークと指すのか等については統一した見解はないことも事実である。

保育士はその資格・職種が児童福祉法に規定されており、その専門性については、立場や視点によって様々な主張がある。山縣文治は「保育サービスは児童福祉の中でももっとも大きなシェアを占め、社会福祉全体からみた位置も量的にはきわめて大きい。逆に、このことが保育サービスを、一般の児童福祉サービスとは独立して存在するサービスとして、社会的に位置づけさせることになり、保育サービスにおける福祉的意味を忘れさせることになった」[16]と、社会福祉専門職としての保育士の専門性についてあまり関心が寄せられてこなかった背景を分析している。また、永野典詞は保育現場の実践とソーシャルワーク理論の乖離について指摘している[17]。

このような背景を鑑（かんが）みると、保育ソーシャルワークという言葉が一人歩きすることになってしまい、自らの保育実践や子育て支援実践がどのように子どもや親・保護者、家庭の福利に貢献しうるのかという視点が欠落する可能性がある。近年、保育界においては「保育所内保育・教育から、保育所が行う保育ソーシャルワークへ」というパラダイム転換が提言されている。いわば、これからの保育者にはソーシャルワークの価値と倫理に裏打ちされたスキルを有し、親・保護者支援、関連機関との連携など子育てをめぐる協働性の開発といった活動に取り組んでいくことが期待されている。そして、今後の課題として、その対象としてのクライアントをミクロ（個別）、メゾ（地域）、マクロ（制度、政策）と多岐にわたるばかりでなく、子ども家庭福祉、保育における実践方法においても、子どもの発達支援、地域子育て支援、親・保護者支援、地域における支援ネットワークシステムの構築、アドボカシー（権利擁護）といった援助方法を横断的かつ総合的にマネジメントする役割を担うことが求められている。

3　保育スーパービジョンをめぐる論点

　近年、子育て支援と関連しながら「保育ソーシャルワーク」というワードが整理されつつある。その特色としては、子育て支援を中心に、保育所、幼稚園、医療機関、児童相談所など様々な機関との連携・協働に対する認識が高まっている点にあるといえる。現代の社会問題は困難性・多面性が増し、クライアントのニーズも複合化し、既存の支援体制や諸制度では解決できない課題が増えている。

　このように既存の保育だけでは対応できない困難事例、家族支援、地域子育て支援など、保育士の役割が増大するなか、保育士が支援そのものに困惑・疲弊しているといった現状も否めない。臨床における実践の継続性、系統的な教育システムが対人援助専門職の専門性を保証するが、高いモチベーションを有するにも関わらず、業務に追われ、孤立化してしまうことすらある。このようなことが対人援助専門職の専門性の蓄積と継承を妨げる一因であろう。現場では教育や訓練に十分な時間、労力を割くだけの余裕はなく、このことが専門職としては未熟である新人保育者を現場に放り出し、それが短期離職やバーン・ナウト（燃え尽き症候群）の増大を起こし、こまぎれの専門性しか蓄積されないという悪循環を招いている。

　近年、全国保育士会主催によるソーシャルワークの理論に基づいたリカレント教育として「保育スーパーバイザー養成研修会」が開催されている。主な内容は相談援助面接技術のロールプレイ形式による演習やケアマネジメント・システムを用いた問題解決システムの習得を通じ、ソーシャルワークの理論と実践を学ぶものである。さらに保育所において中核的役割を担う主任保育士等を対象に、保育士をはじめとする職員が組織の一員としての役割を果たしつつ、一人の専門職として成長できるよう支援する専門的・指導的な役割を担う人材、としての保育スーパーバイザー養成を目的としたものである。

　厚生労働省「保育所保育指針解説書」（2008年3月）において、施設長や主任保育士など指導的立場の職員のあるべき姿勢として、「職員が自ら学びたいと思う気持ちは極めて貴重なものです。施設長や主任保育士をはじめリーダー的立場の職員は、その意欲を大切にしながら、指導や助言をします。また一人一人の職員が直面している問題、あるいは挑戦しようと臨んでいる課題などを把

握し、その上で、問題や課題の内容と職員の力量の両方を踏まえ、適切な研修内容や手段を提供し、助言を行います[18]」と述べている。すなわち、保育実践及び保護者支援・子育て支援活動における保育者の資質向上に資する指導、助言の有用性が指摘されており、まさしく、保育者を支援する専門的・指導的な役割を担う人材としてのスーパーバイザーの養成が急務となっているといえよう。

　先述したような、保育領域におけるスーパービジョンに対するニーズの高まりの背景には、地域の子育て家庭に対する相談援助機能の強化や、虐待などの問題への予防対応をも含めた一定のソーシャルワーク機能の強化がうかがえる。しかし、これまで保育を含むソーシャルワークの領域において、具体的スーパービジョンのシステムづくりがなされていたかといえば必ずしもそうとはいえない。野坂勉は、「保育所の保育内容の実態に関する調査研究報告書」（日本保育協会：1998年）の中で、保育所長のスーパービジョン機能について保育内容として技術的指導、あるいは保育方針と目標の具体化と活動展開についての評価が主であると述べている。すなわち、支持的機能よりも経験知に基づく監督指導教育が重視されているという指摘である。このように既存のスーパービジョンは上司や経験豊富な先輩による監督指導・教育・管理といった意味合いが強く、対人援助専門職の自発的な成長を促すといった専門職育成の視点が十分とはいえない。この点について三好明夫はスーパービジョン教育を受けないでいる園長や管理職が無自覚的に行う監督指導的叱咤激励をスーパービジョンと誤解している「スーパービジョン的指導」の弊害として指摘している。[19]

　このように保育スーパービジョンについて言及した多くの研究においては、その概念の曖昧さ、未発達、未体系化、時にはその機能不全に対する指摘さえなされている。つまり、スーパービジョンの必要性を説きながら、その不十分な実態をうかがい知ることもできる。保育実践にあっては、保育に関わる専門知識とスキル、そして、その基礎となる社会福祉と保育に関する専門諸科学を共有する事が必須である。これがなされないとスーパービジョンが、いわゆる身上監督指導といった人事管理や、職務上の勤務評定や考課査定になってしまう恐れがある。

　あらためてこの点に注視すると、スーパービジョンに対するニーズの不明瞭さを要因として、ソーシャルワークとスーパービジョンの関係、保育ソーシャルワークとスーパービジョンのあり方の議論の中で各々を結びつけるものが不十分であることがうかがえる。

おわりに

　近年、保育ソーシャルワークへのパラダイムシフトが提言されるなか、保育スーパービジョンという用語も普遍化しつつある。しかし保育スーパービジョンの明確な概念規定、その固有性を見出す事は容易ではない。これまでも保育の領域では、「内省的実践家」としての専門職像が探究されてきた。しかしながら、具体的スーパービジョンのシステムづくりがなされていたかといえば必ずしもそうとはいえない。

　つまり、理論上では従来から明確にされ、重視されながらも実践上では十分に遂行されてこなかったものと表現できよう。今後、保育スーパービジョン理論の精緻な理論体系の構築に向けては、あらためてソーシャルワークとしての保育に求められる知識と技術を明示すること。さらに、理論を実践に移すためには理論的成熟に加えて、その担い手となる保育スーパーバイザーの養成システムの確立が求められている。

注
1) C.R.ロジャーズが提唱するカウンセリング理論（person centered approach）に依拠し、クライアントという表現を用いた。
2) OGSV：奥川幸子によるピア・グループ・スーパービジョンの概念モデル。2001年に厚生労働省が実施した介護支援専門員指導者研修において用いられた。
3) 精神科医エリック・バーンによって提唱された人格と個人の成長と変化における体系的な心理療法の理論。
4) C.R.ロジャーズが開発したクライエント中心療法の理論を発展させたもの。ファシリテーターのサポートによりグループで感じた事を思うままに本音で話し合っていく。
5) Kadushin,A. "Supervision in social work"（3rd ed.）Columbia university Pres,1966.
6) 同上。
7) 福山和女『ソーシャルワークのスーパービジョン——人の理解の探求——』ミネルヴァ書房、2005年、i頁。
8) 厚生労働省・次世代育成支援施策の在り方に関する研究会「社会連帯による次世代育成支援に向けて」2003年。
9) 同上。

10) 同上。
11) 網野武博「保育所、保育士に求められる新しい役割」『保育所の保育内容に関する調査報告書　平成13年度版』日本保育協会、2002年。http://www.nippo.or.jp/cyosa/hei13/01/01_03_01.htm
12) 伊藤良高・宮﨑由紀子「保育ソーシャルワークと保育者の資質・専門性」、伊藤良高・永野典詞・中谷彪編『保育ソーシャルワークのフロンティア』晃洋書房、2011年、78頁。参照：若宮邦彦「保育ソーシャルワークの可能性」、伊藤良高・中谷彪編『子ども家庭福祉のフロンティア』晃洋書房、2008年：伊藤良高・香﨑智郁代・永野典詞・三好明夫・宮﨑由紀子「保育現場に親和性のある保育ソーシャルワークの理論と実践モデルに関する一考察」、熊本学園大学総合科学研究会編『熊本学園大学論集　総合科学』第19巻第1号、2012年、他。
13) 今堀美樹「保育ソーシャルワーク研究——保育士の専門性をめぐる保育内容と援助技術の問題から——」『神学と人文：大阪基督教学院・大阪基督教短期大学研究論集』第42号、2002年、183頁。
14) 鶴宏史『保育ソーシャルワーク論——社会福祉専門職としてのアイデンティティ——』あいり出版、2009年。
15) 山本佳代子「保育ソーシャルワークに関する研究動向」『山口県立大学学術情報』第6号（『社会福祉学部紀要』第19号）、2013年3月、49頁。
16) 山縣文治「保育サービス」、庄司洋子・松原康雄・山縣文治編『家族・児童福祉』有斐閣、1998年、119頁。
17) 伊藤・香﨑・永野・三好・宮﨑前掲論文。
18) 厚生労働省「保育所保育士指針の改定について（報告書）」第6章。
19) 同上。

第11章
保育者養成におけるソーシャルワーク教育

はじめに

　義務教育に代表される普通教育、一般教育は、教育基本法にある「人格の完成」「社会の形成者」の育成を目的として行われるものであり、個々人にとってそこに至る方法、到達するゴールは実に多様である。一方で専門職教育は、現場で一定の役割を果たすために専門職として備えるべき諸条件を満たすという到達目標が明確に定められている。前者を"積み上げ"式の教育と表現するなら、後者は"ゴールからの逆算"式により行われる教育である。

　秋山[1]は、専門職の条件として①体系的な理論、②伝達可能な技術、③利他的な価値観、④テストか学歴による能力証明に基づく社会的承認、⑤専門職集団の組織化、⑥倫理考慮の存在を挙げている。保育者である保育士・幼稚園教諭の場合、いずれも、①の理論、②の技術、③価値観を身につけた上で、④養成課程において所定のカリキュラムを修めたことにより資格が付与されるシステムとなっている。

　保育士、幼稚園教諭の養成が専門職教育の1つであり、ソーシャルワークそのものも専門的な関わりであることを考えると、本章のタイトルである「保育者養成におけるソーシャルワーク教育」もまた、専門職教育の一部であることは間違いがない。それゆえにソーシャルワーク教育における"ゴール"とは何かを設定し、そこからの逆算として教育内容や教育方法のあり方を探ることが必要とされる。

　なお本章では、現状においてソーシャルワーク教育を行っているのが、保育士養成課程のみであること、保育士資格を取得した大多数が保育所に勤務する現状を踏まえ、保育者を保育所保育士に限定して論をすすめたい。

　流れとして、まず社会福祉専門職におけるソーシャルワーク教育を概観し、

各職種との比較を通して、保育士のソーシャルワーク教育を捉える。次に教育課程の先にある保育現場におけるソーシャルワークの現状や問題点、保育士養成課程が抱えるソーシャルワーク教育の現状、問題点について述べる。そして、それらの要因について考察を行う中で、私見の段階に過ぎないものの、保育現場、養成校双方にとって問題解決に結びつくような提案も行いたい。

1　社会福祉専門職におけるソーシャルワーク教育

（1）ソーシャルワーク教育のめざすところ

　ソーシャルワーク教育と言っても、ソーシャルワーカーとして専門的な援助が行えるようになるための教育から、ソーシャルワーク的関わりができるための教育、またソーシャルワーク的視点を身につけるための教育など、そのめざすところは様々である。社会福祉専門職である社会福祉士や精神保健福祉士、介護福祉士、そして保育士の養成課程においては、それぞれの到達目標に応じた教育が行われている。

（2）各職種におけるソーシャルワーク教育の比較

　各専門職の養成課程におけるソーシャルワーク教育の現状を比較したものが、表11-1である。専門職ソーシャルワーカーでさえ、養成教育を終えたばかりでは即戦力として十分といえず、現任教育の必要性が強く問われる中、「知識として持っておくべきレベル」にとどまらず、一部とはいえ「実践できるレベル」を求められていることを考えると、保育士養成課程におけるソーシャルワーク教育は量的、質的にみて不足している印象は否めない。なぜなら、全体におけるソーシャルワーク教育の占める割合は少なく、また講義、演習、実習科目のアンバランスさが目立っているからである[2]（表11-1参照）。

（3）介護福祉士との比較

　保育士と介護福祉士は、ともにケアワークを主業務としながら、必要に応じて「保育に関する指導」「介護に関する指導」を行う職種であるが、養成課程におけるソーシャルワーク教育は対照的である。後述するが、保育士の場合はソーシャルワーク的関わりに対する期待の高まりと業務のあり方、教育内容が連動し、近年ますます重要視される一方で、介護福祉士養成においては、2007

第11章　保育者養成におけるソーシャルワーク教育

表11-1　社会福祉専門職の比較

資格	社会福祉士	精神保健福祉士	介護福祉士	保育士
根拠法	社会福祉士及び介護福祉士法	精神保健福祉士法	社会福祉士及び介護福祉士法	児童福祉法
業務内容	身体上若しくは精神上の障害があること又は環境上の理由により日常生活を営むのに支障がある者の福祉に関する<u>相談</u>に応じ、<u>助言</u>、<u>指導</u>、福祉サービスを提供する者又は医師その他の保健医療サービスを提供する者その他の関係者との<u>連絡及び調整</u>その他の援助を行うこと	精神科病院その他の医療施設において精神障害の医療を受け、又は精神障害者の社会復帰の促進を図ることを目的とする施設を利用している者の社会復帰に関する<u>相談</u>に応じ、<u>助言</u>、<u>指導</u>、日常生活への適応のために必要な<u>訓練</u>その他の援助を行うこと	身体上又は精神上の障害があることにより日常生活を営むのに支障がある者につき入浴、排せつ、食事その他の<u>介護</u>を行い、並びにその者及びその介護者に対して<u>介護に関する指導</u>を行うこと	児童の<u>保育</u>及び児童の保護者に対する<u>保育に関する指導</u>を行うこと
ソーシャルワーク教育のゴール	専門職としてソーシャルワーク業務が行えることをめざす	専門職としてソーシャルワーク業務が行えることをめざす	ソーシャルワーク実践そのものではなく、ケアワーク業務にソーシャルワーク的視点をもつこと、ソーシャルワーカーはじめとする他職種との協働の視点・方法を習得することをめざす	専門職ではないことに留意しつつ、「念頭におく」「原理をふまえる」などソーシャルワーク的視点をもつこと、「一部活用」「援用」の範囲内でのソーシャルワーク実践が行えることをめざす
ソーシャルワークに関する講義科目	180時間	180時間	なし※	なし
ソーシャルワークに関する演習科目	240時間（実習指導も含む）	180時間（実習指導も含む）	なし	90時間（2単位）
ソーシャルワークに関する実習科目	180時間	210時間	なし	なし
ソーシャルワークに関する時間数	600時間（全体の50％）	470時間（全体の約40％）	計算不可能	90時間（全体の8％）
総時間数	1200時間	1200時間	1800時間	1185時間（79単位）

注：※新カリキュラム以降は、複数の科目の中に当該科目と関連するソーシャルワーク内容が適宜組みこまれているため、時間数をカウントすることは不可能となった（詳細は本文参照）。

(平成19) 年に社会福祉士及び介護福祉士法が改正され、教育カリキュラムが見直された際、それまでカリキュラムにあった、30時間の講義科目である「社会福祉援助技術」、30時間の演習科目である「社会福祉援助技術演習」は、科目名として存在しなくなり、「人間の尊厳と自立」「コミュニケーションの基礎」「介護福祉士の役割と機能を支えるしくみ」「介護サービス」「介護におけるコミュニケーションの基本」「介護実践における連携」「介護過程とチームアプローチ」の科目中に吸収された。

　総合的、体系的な学びによって得られるものも大きく、ソーシャルワーク教育の事実上の縮小には諸論あるだろうが、より必要な部分に限定した学びへの転換とも捉えることができる。

2　保育士とソーシャルワーク

（1）保育士がソーシャルワークを行う根拠

　保育士ほど、時代や社会の変化に大きく影響を受ける職種も稀である。もちろんクライエントの抱える問題や困りごとは、時代や社会の流れに応じて変化するため、すべての対人援助職にとって援助のあり方を変化させていくのは、ある意味で自然なことである。しかし保育士の場合は、業務内容の規定そのものが変化している。

　根拠法である児童福祉法は1997（平成9）年の改正の際に「保育に関する相談に応じ、助言を行うこと」が努力義務となり、さらに2003（平成15）年の改正により「保護者の保育に関する指導」が保育士の業務内容として、新たに追加された。また2008（平成20）年に改訂された保育所保育指針の中でも、保育所の役割として入所児童の保護者および地域の子育て家庭に対する支援が追加され、保育士の役割の1つとして明記された。

　児童福祉法が制定された翌年の1948（昭和23）年の保育士養成課程（当時は保母）の整備から70年弱、さらには明治時代に日本で初めての保育所が誕生して150年弱という長い歴史の中で、今まで位置づけのなかったものが"業務"として加わることは、保育士にとって職業アイデンティティが揺らぐほどの大きなインパクトを持つ出来事であることは想像に難くない。保育士に子育て支援、保護者支援が求められるようになって約20年余りが経過する現在においても、保育士の戸惑いは今なお拭い去れていないようにみえる。

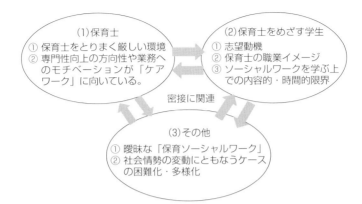

図11-1　保育士に求められる役割と実際の役割にギャップが生じる原因

出典：丸目満弓・立花直樹「保育士をめざす学生のソーシャルワーク業務に関する意識および意欲についての一考察」『兵庫大学短期大学部研究集録』第46号、2012年、65頁を加筆・修正。

（2）現　状

保育士に期待される役割と現場での実践にギャップが生じていることについて述べ、その予想される原因について提示した。その後、さらに加筆・修正を加えたものが図11-1である。紙面の関係で、詳細については拙著を参照されたいが、ここでは特に（3）の「その他」に挙げた、もはや保育士の意識改革や努力の範疇を超えているところに問題がある「②社会情勢の変動にともなうケースの困難化・多様化」について述べる（図11-1参照）。

（3）制度が想定していないニーズと保育士が関わる範囲のミスマッチ

そもそも保育士に求められているのは保育に関する指導である。しかし、保護者が抱える問題は、もっと広範であり、むしろ図11-2のように子どもの問題ではなく、保育そのものに関わらない問題、つまり保護者自身の問題が子育てに重大な影響を与えていることも少なくない。言いかえれば、そもそも制度が想定していないニーズにこたえること、また昨今の複雑化、多様化したケースの対応は保育士には困難であり、その部分を解消しない限り、社会や当事者のニーズを満たす援助とはなり得ないのである（図11-2参照）。

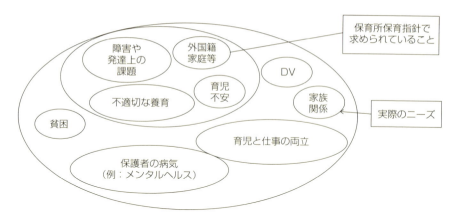

図11-2　保育所保育指針で求められている保育士の関わる範囲と実際のニーズとのギャップ

出典：筆者作成。

3　保育士養成教育とソーシャルワーク

（1）保育士養成課程におけるソーシャルワーク教育の変遷

　保育士養成課程は1948（昭和23）年に開始された時点において、「社会事業一般」「ケースワーク」「グループワーク」がそれぞれ40時間設けられていたことからも、ソーシャルワーク教育が社会福祉職である保育士にとって必要な教育内容であると位置づけられてきたことが分かる。

　その後、1962（昭和37）年の改定時以降、幼稚園教諭資格の同時取得の流れも重なり、ケアワークに重点がおかれたカリキュラム編成は現在まで続いているものの、一方で子育て支援の概念が出現し始めた1991（平成3）年以降、2001（平成13年）、2011（平成23）年の改定の中で、ソーシャルワーク科目は毎回改定されており、ソーシャルワークに対する学びを深めさせるための模索が続いている。現行のカリキュラムにおいては、「相談援助」が演習科目として1単位（45時間）、「保育相談支援」が演習科目1単位（45時間）となっている。

（2）現　状

　保育士がソーシャルワークに対して感じる戸惑いは、現場に入ってからでは

なく、すでに養成課程で学ぶ段階や、それ以前から始まっている（図11-2）。あらゆる年代の女子が「将来なりたい職業」として、常に上位に位置する保育士の志望動機や職業イメージは、ケアワークの部分でほとんどが占められていると考えて間違いないだろう。前述したように、それは保育士という職業の長い歴史から仕方がない部分である。しかし入学した後も、そのイメージがほとんど変化しないまま養成課程を終え、現場に出る、というパターンが続く要因は、図11-1で述べたソーシャルワークを学ぶ上での内容的・時間的限界、つまりソーシャルワーク教育のあり方と大きく関連している。以下では2点に絞り、述べることとする。

（3）"ゴール"が設定できないソーシャルワーク教育

冒頭でも述べたとおり、専門職教育は"ゴールからの逆算"方式により行われるべきものである。では、保育士におけるソーシャルワーク教育のゴールはどこにあるのだろうか。① 社会の変化により保育所や保育士に求められる役割が変容する → ② 望ましい保育所や保育士のあり方が保育所保育指針などの制度面に反映される → ③ 時代や社会が求める保育士を育成できるように教育の内容を変化させる、というサイクルを考えると、本来は②の制度での明確な位置づけなくして、③のゴール設定は不可能である。

しかし実際は、保育所保育指針に「ソーシャルワーク」という文言はなく、保育所保育指針解説の中に2か所見られるのみである。「ソーシャルワークの基本的な姿勢や知識、技術等についても理解を深めた上で、支援を展開していくことが望ましい」、「ソーシャルワークやカウンセリング等の知識や技術を援用することが有効なケースもある」（下線については筆者が追加）等の表現をみても、制度が保育士に求めるソーシャルワークが何をさすのかが甚だ曖昧である。そして、上記の表現やトーンに対して保育士をめざす学生が、意識を高く持ち、意欲的にソーシャルワークに取り組めるかというと、それも甚だ疑問である。

もう1つの問題として、前述した通り、保育士にはソーシャルワークに関して、「理解を深める」「念頭に置く」「原理を踏まえる」など"知識として理解しておくレベル"が求められている場合と「一部活用」「援用」とはいえ"実践レベル"が求められる場合の2つがあるにも関わらず、両者が整理されないまま教えられていることである。当然両者のゴールは異なるため、ソーシャルワークのどの部分が前者で、どの部分が後者にあたるかという議論が必要であ

るが、この点についても教育関係者の一致した見解がないのが現状である。

(4)"現場"を持たないソーシャルワーク教育

　保育士養成課程のケアワーク部分は、体系的・総合的に学べるようカリキュラム内容が組まれ、講義、演習、実習というサイクル、また学校と現場間の反復を繰り返しながら、段階に応じて習熟度を深めていく。一方で、ソーシャルワークのための実習が設定されてないことはすでに述べた通りだが、ケアワーク実習の際も、保護者支援の場面を日常的に見ることは少なく、目にしたとしても主任や園長が対応していることが多く、一部の立場の人間による、限定的な取り組みにとどまっている。つまり学生にとって、現場に出て自らが取り組むべき業務という認識を持つことは難しい。つまり保育ソーシャルワークには"現場"がないのである。それは児童福祉施設の設備及び運営に関する基準に、ソーシャルワークを担う者について位置づけがないため、保育士もしくはその他の職員が専任としてソーシャルワークを行っている状況が成立しにくい現状を考えても当然である。

　また養成校においても、ケアワーク科目を担う教員は現場経験を持った者が多く従事し、自身の現場経験を語って聞かせることで、学生はクライエントに対するイメージをふくらませ、自分ならどのような関わりをするだろうか、と自身を援助者の立場に重ねるなど、保育士業務のリアルなイメージを積み重ねていくことができるが、一方のソーシャルワーク科目を担う教員は、社会福祉の学問的基盤を持ちながら保育士としての勤務経験がある教員は、ほんの一部である。多くはソーシャルワークを教えることはできても、保育現場で実際に行っている援助について当事者の経験から語るということが難しい。

　制度が存在しないので、現場実践の積み上げができない、現場から離れたところで保育ソーシャルワークの議論や教育だけが一人歩きするので、学生や現場の保育士たち当事者の温度差がうまらない、という悪循環から脱却する必要がある。

4　ソーシャルワーク教育における課題と展望

　これまで述べてきた問題点を中心に、以下では課題と展望について述べる。

第 11 章　保育者養成におけるソーシャルワーク教育

（1）制度における明確なソーシャルワークの位置づけ

　繰り返しになるが、行政がソーシャルワークに関する制度的位置づけを行い、同時にソーシャルワークを担う者が実際に動ける体制づくりを行わない限り、日本における保育ソーシャルワークの深まりは期待できない。根拠法にある「保育」がケアワーク、「保護者への保育に関する指導」がソーシャルワークを指すならば、保育所保育指針解説書ではなく、公的文書である保育所保育指針においてソーシャルワークを明確に位置づけ、現行のケアワークに関する詳細な記述に並び、ソーシャルワークについても内容面に踏み込んだ具体的な記述があるべきである。

　そのことにより、養成校は専門職として一定の質を担保するためのソーシャルワーク教育のゴールを明確に設定できる。それだけでなく、ソーシャルワーク実践の"現場"ができることは、現場におけるケースの豊かな蓄積を意味し、養成教育での座学も、実習での学びも充実につながる。学生の意識や意欲にも大きな影響を与えることは間違いがない。

（2）外部専門職導入の検討

　前述したように、制度の想定外である保育そのものに関わらないケース、高度化・複雑化したケースについて、保育士のみで担うことに限界があることはすでに述べた通りである。やはり社会福祉士などの専門職ソーシャルワーカーの存在、しかも専任で業務を行う体制が必要である。しかし、児童福祉施設の設備及び運営に関する基準上に位置づけがないため、保育所において、保育士以外の職種が常勤職員として配置されることは極めて難しい。「外部専門職」としてソーシャルワーカーが保育現場に入り、ソーシャルワークの一部を行う保育士との協働体制を構築していくことが、もっとも現実的かつ有効なアプローチの1つであると考えられる。

　同じく子ども領域である小学校や中学校などを中心とした就学期の教育現場では、すでに2008（平成20）年前後から、スクールソーシャルワーカー（以下、SSWer）の導入が進んでおり、関わりの効果が確認されている[5]。また保育所と同じ児童福祉施設である児童養護施設のようなケアワーク業務とソーシャルワーク業務が分かちがたく密接に結びついている領域では、たとえ家庭支援専門員（ファミリーソーシャルワーカー）のようなソーシャルワークを行う職員配置が義務付けられていても、現場の人手不足などの事情から、実際は7割の施設

においてケアワーク業務と兼任している現状があるなど、ソーシャルワークをしっかりと行える体制が確保しにくい実情がある。むしろ、外部専門職というあり方が望ましいと考える所以である。

一方で、教育現場における外部専門職導入の効果については、ソーシャルワーク教育の具体的なゴール設定と、現場感覚あふれる教育内容への期待がある。前述したように、介護福祉士のソーシャルワーク教育が大胆なスリム化、限定化へと転じたのは、施設内でのソーシャルワーカーとの協働体制が前提であることと、おそらく無関係ではない。実際の協働を通して、保育士として担うべきソーシャルワークの内容の絞り込み、さらには"視点"か"実践"レベルかの整理が進めば、学生の不安感、負担感は大幅に軽減されるはずである。

次に現場ができることにより、学生が現場に出た時の自身の関わりを具体的にイメージできるような教育内容へとつながり、意識や意欲は大幅に向上すると予想される。実際、SSWer領域では、現場を経験した研究者の多くが、実践や現任者へのスーパービジョンを続けながら養成・現任教育に関わっている。研究と実践、教育の距離が非常に近いこと、さらに言うと現場が常にその中心にあることが理想である。

おわりに

2015（平成27）年度から「子ども・子育て支援新制度」の下ですすめられる幼保一元化は、現場で従事する者の資格の一体化をも意味し、幼保連携型こども園においては、今後5年の移行期間を経ながら、徐々に保育士資格と幼稚園教諭免許をあわせ持った保育教諭の配置が行われることになる。すでに幼稚園で働く現職の幼稚園教諭の75％、保育所で働く現職の保育士の76％が両資格を保有し、さらに新卒者では幼稚園教諭の80％、保育士では87％と、高い確率で2つの資格を併せ持つ状態で現場に出ていること、2013（平成25）年に特例制度として保持していない方の資格を取得するためのカリキュラムが発表され、早くも2014（平成26）年度から講座が開講されるなど、表面的には資格移行はスムーズに見えるかもしれない。しかしそれぞれの資格が脈々と築いてきた専門性を今後どうすり合わせていくのかは未だ混沌としており、保育士は、今まさに職業アイデンティティが大きく揺らぐ時期に直面していると言える。

鶴は、保育士を「幼児教育専門職のアイデンティティをもつのか、社会福祉

専門職のそれなのかのせめぎ合い」と表現し、現場では後者が「少数派」、養成校においてはそもそも「保育士を社会福祉専門職として認識していない者が思いのほか多い」と指摘する。現状がそうだとすると、教育と保育が一体となったケアを提供することが求められる保育教諭への転換により、今後ますますその傾向が強まることも懸念される。

　しかし、そもそも貧困や勤労家庭を子どもだけでなく、家庭ごと支えてきた保育所や保育士の成り立ちや歴史を見る限り、また現代においても、虐待などをはじめとする困難ケースにおいて、問題解決には子どもの背景にある家庭をも含めた「生活」全体への支援が不可欠であるなど、時代がどのように変わっても、保育士が専門職として持つべき価値観の中に、社会福祉は失われるべきではない。

　ソーシャルワーク教育は保育士が社会福祉の価値を実践にうつす意味で、今後も重要な意味を持ち続けるが、単にソーシャルワークのためのソーシャルワーク教育にとどまらず、保育現場ならではの「ケアワークとソーシャルワークの融合」、反対に「ケアワーカーと専門職ソーシャルワーカーとの役割分担」のあり方を探り、積極的に提起すべきである。そのためにも、まずは"現場をつくる"ソーシャルアクションから始めるべきである。

注
1） 秋山智久『社会福祉専門職の研究』ミネルヴァ書房、2007年、89頁。
2） 保育所にて行われる保育実習Ⅱにおける実習目標の1つとして「子どもの保育及び保護者支援について総合的に学ぶ」、児童福祉施設にて行われる保育実習Ⅲにおける実習目標の1つとして、「保護者支援、家庭支援のための知識、技術、判断力を養う」とされているが、実際にはソーシャルワーク的な学びが得られるかどうかは、施設によって大きく異なっている。何よりソーシャルワークの修得のみを目的とした実習がそもそも存在しないことが問題である。
3） 丸目満弓・立花直樹「保育士をめざす学生のソーシャルワーク業務に関する意識および意欲についての一考察」『兵庫大学短期大学部研究集録』第46号、2012年、63-77頁。
4） 日本ファイナンシャル・プランナーズ協会による2017年度「将来なりたい職業」ランキングトップ10や、第一生命保険により2017年に実施された第29回「大人になったらなりたいもの」調査結果では、いずれも保育士が3位であった。ベネッセが2015年に行った同様の調査においても、小学生高学年女子で保育士・幼稚園教諭が2位、中学生女子では1位となった。

5 ）「効果的スクールソーシャルワーカー配置プログラム構築に向けた全国調査：効果的プログラム要素の実施状況，および効果（アウトカム）との相関分析」（2014年2月）をはじめ、山野則子らを中心に、スクールソーシャルワーカーが行う援助の効果について検証を行う論文はいくつか見られる。
6 ）虹釜和昭「児童養護施設における家庭支援専門相談員の専門性」『北陸学院短期大学紀要』第39号、2007年、18頁。
7 ）厚生労働省「幼稚園教諭の普通免許状に係る所要資格の期限付き特例に関する検討会議（第1回）配付資料 資料3（別紙1）幼稚園教諭免許・保育士資格の併有状況」、2012年。http://www.mext.go.jp/b_menu/shingi/chousa/shotou/094/shiryo/1327832.htm（最終確認2014年5月29日）
8 ）鶴宏史『保育ソーシャルワーク論——社会福祉専門職としてのアイデンティティ——』あいり出版、2009年、41頁。

第12章
保育ソーシャルワーカー養成の構想と課題

はじめに

　近年における急速な少子化の進行並びに家庭及び地域を取り巻く環境の変化に伴い、小学校就学前の子どもの保育・教育（以下、保育と総称）及び家庭・地域の子育て支援に係るニーズが多様化・複雑化してきており、保育所・幼稚園・認定こども園等保育・教育施設（以下、保育施設と総称）に対する要望も拡大・深化する傾向にある。すなわち、入所（園）する子どもの保育のみならず、家庭・地域の様々な社会資源との連携を図りながら、入所（園）する子どもの保護者に対する支援及び地域の子育て家庭に対する支援を担う役割が一層高まっている。そうしたなかにあって、子ども・子育て支援を専門的かつ中核的に担うことのできる資質・力量を持った専門職としての保育ソーシャルワーカーに対する期待が高まり、その養成制度を構想していくことの大切さが唱えられている。
　本章では、保育ソーシャルワークの視点から、保育とソーシャルワークについての専門性を持つ高度な専門職、あるいは子ども・保護者の育ちとライフコース全般を視野に入れ、子ども・家庭・地域をホリスティックに支援することをマネジメントする専門職としての保育ソーシャルワーカー養成の構想、その制度設計と当面する課題について萌芽的に検討していくことを目的とする。内容的には、以下のようになろう。まず初めに、保育ソーシャルワークと保育ソーシャルワーカーの概念と相互の関係性について考察する。次に、保育ソーシャルワーカー養成をめぐる議論について、主な論点と内容を整理、叙述する。それを踏まえた後、保育ソーシャルワーカー養成の構想とその制度設計について、いくつかの近接類似職との比較を通して具体的に検討する。そして最後に、保育ソーシャルワーカー養成をめぐる当面の課題について指摘しておきたい。

1　保育ソーシャルワークと保育ソーシャルワーカー

　保護者支援・地域子育て支援が大きな社会問題となり、その中核施設として保育所等保育施設が位置づけられる1990年代後半以降、様々な保育研究者・実践者によって、保護者支援・地域子育て支援、さらには保育実践をも対象とする保育ソーシャルワーク論が展開されてきている。国内で発表された2000年以降の保育ソーシャルワークに関する研究動向を、主に保育所におけるソーシャルワーク機能の実践的展開という側面から整理、考察した山本佳代子は、近年における保育ソーシャルワーク論の概要及び方向性として、① 保育所には入所児童とその親に加え、地域の子育て家庭を対象に、保育指導、子育てに関する指導、情報提供、関係する専門機関等との連携といったソーシャルワーク機能を有する必要性が求められている、② 実践においては、これまでの保育の専門性を基盤とし、ソーシャルワーク視点やアプローチの方法論を活用することが有効である、③ しかし、近年では保育所のみでソーシャルワークを行うことについての疑問や限界についても議論されており、保育ソーシャルワークのあり方については未だ十分な議論や見解に至っていない、という3つを挙げている[1]。そして、今後の課題として、「保育士養成課程におけるソーシャルワーク教育の充実、卒業後のリカレント教育や研修体制の確立、そして地域の子育てにかかわる機関等からのサポーティブなはたらきかけ等、保育ソーシャルワークが効果的に実践されていくためのシステム作りが保育ソーシャルワークの実現に不可欠である[2]」と指摘している。同研究において興味深いことは、これからの保育ソーシャルワークの方向性の1つとして、ソーシャルワーク機能については専門職を配置するなど外部化を図ることも含め、「これからの保育を支える人材の教育について検討する必要性[3]」があることを提言している点である。

　この「これからの保育を支える人材」については、ここ数年、子どもの保育に係る保育士・幼稚園教諭等保育者としての資質・専門性のコアをベースとした上で、保護者支援・子育て支援をスペシフィックに担うことの人材（ときに、それは、保育ソーシャルワーカーと呼称される）養成を構想していくことの大切さが唱えられてきている。例えば、伊藤良高らは、「保育ソーシャルワークの視点から、保育者に求められる資質・専門性のあり方についてさらに考究していく

必要がある⁴⁾」と述べ、特に保育士養成に関して、「保育士の資質・専門性のさらなる向上をめざし、『ソーシャルワークと重複する専門性を持つ高い専門職』あるいは、『子どもの生活（ケア）とライフコース全般を視野に入れ、子ども・家庭・地域をホリスティックに支援することをマネジメントする専門職』という観点から、保育士養成カリキュラムを根本的に見直していくことが望まれる⁵⁾」と指摘している。そして、4年制保育士養成課程の創設や大学院における養成・研究の必要性を提起している⁶⁾。ここでは、保育ソーシャルワーカーというワードまでは用いられていないものの、その存在意義や養成の必要性が先見的に明示されている。

また、永野典詞は、より積極的に、保育施設における保育ソーシャルワークの担い手としての保育ソーシャルワーカーの可能性について検討している。永野は、保育ソーシャルワーカーの専門性やその役割、保育ソーシャルワークの主体について検討した上で、「保育ソーシャルワーカーには、社会福祉の専門的な知識、価値、技術のほかにも子どもの保育・発達や保育技術、子育てという場の理解などが必要となることから、保育の専門性とソーシャルワークの専門性の両方を持つことが重要となる⁷⁾」と述べて、保育士資格、幼稚園教諭免許状、社会福祉士資格を有する者が保育ソーシャルワーカーになりうる条件とその体制について議論している。そして、保育施設における職員の人的配置基準の見直しなど、保育現場を取り巻く環境、諸条件の整備確立を提言している⁸⁾。保育・社会福祉に係る既存の免許・資格をベースにしつつ、保育ソーシャルワーカー養成のあり方を実際的かつ具体的に検討している点が注目される。

さらに、土田美世子は、保育所でのソーシャルワーク機能提供の条件として、保育ソーシャルワーカーの重要性・必要性を提起している。すなわち、「ソーシャルワークの実施者として認識されるためには、養護系児童福祉施設に配置される『ファミリーソーシャルワーカー』と同様に、『保育ソーシャルワーカー』等の職務名をもつワーカーを配置することが必要⁹⁾」である、と述べて、保育ソーシャルワーカーをコアとしつつ、施設長等保育所ワーカー、スタッフが相互の理解と役割分担のもと、総体としてソーシャルワーク機能を提供していくことの大切さを主張している¹⁰⁾。ただし、保育ソーシャルワーカーの内実や養成のあり方などについて詳細に言及しているわけではない。

先の山本も叙述しているが、近年、保育界にあっては、保育ソーシャルワークに対する関心の高まりとともに、それをテーマとする保育者対象の研修も広

く実施されるようになっている。また、関係する人材の交流を促進し、学術的に研究する専門学会として、「日本保育ソーシャルワーク学会」も創設されるまでにいたっている（2013年11月）[11]。しかしながら、ここでいう保育ソーシャルワークとは、子どもの最善の利益の尊重を前提に、子どもと家庭の幸福の実現に向けて、保育とソーシャルワークの学際的領域における新たな理論と実践としてとらえられてはいるものの、そのシェーマ（定義、内容、方法等）やシステムについて、いまだに確定したものが構築されているわけではない。

すでにこれまでの研究で明らかにしてきたように[12]、近年、保育施設におけるソーシャルワーク機能の必要性と重要性が認識されるなかで、保育ソーシャルワークをめぐる主体は誰か、あるいはどこか、その対象をいかに設定するかが論点の1つとなっている。それは、保育とソーシャルワークの専門性と関係性をどのようにとらえるか、また、保育ソーシャルワークを専門的かつ中核的に担う専門職としての公証たる免許・資格をいかに位置づけ、構想していくかという問題となっている。現行の保育士資格、幼稚園教諭免許状、社会福祉士資格を視野に入れ、保育ソーシャルワークの主体形成についての新たな制度設計が不可欠である。

2 保育ソーシャルワーカー養成をめぐる議論
――論点と内容――

先述したように、これまでの保育ソーシャルワークに関する議論は山本佳代子が保育ソーシャルワークの研究動向を検討し指摘しているように、保育におけるソーシャルワークの視点や技法を用いた支援の有効性、必要性、が中心であったといえる。しかも、保育ソーシャルワークの議論は、まだ未成熟であると言わざるを得ないといえる。さらには、上述した永野の試論では議論があるものの、保育ソーシャルワークの担い手であると期待される専門職については、保育者なのか、社会福祉専門職（社会福祉士・精神保健福祉士など）であるのか、あるいは、その他、養成機関が認定した専門職なのか統一した見解は未だみられない。

そこで、本節での論点は、伊藤らが指摘する単なるソーシャルワークの保育への援用ではなく、保育の固有の原理を踏まえて独自性のある理論と実践を目指すことを踏まえ、これまでの議論から一歩進め、保育施設において、保育ソーシャルワークを実践する専門職の養成について検討するものである。すなわ

ち、保育ソーシャルワーカーの専門性を踏まえた上で専門職養成のあり方を議論するものである。

さて、子ども・子育て支援専門職としての保育ソーシャルワーカーには、保育施設に親和性があり、保育施設の独自性に対応したソーシャルワーク実践ができること、あるいは、保育、教育、医療と専門領域が広範囲にわたりながらも、保育領域に特化したソーシャルワーク機能を発揮できることが必要である。つまり、土田も指摘するように[13]、保育ソーシャルワークの担い手として、保育士など保育施設職員以外のソーシャルワーカー（社会福祉士）が配置される場合も保育の固有の原理・価値を共有していることが不可欠である。このように、保育の専門知識・原理をベースとし、相談援助専門職としてソーシャルワークの価値、知識、技術を有していることが、保育ソーシャルワーカーの基本となる。

そのような状況下において、日本保育ソーシャルワーク学会（以下、学会と略）では、2016年から保育ソーシャルワークの専門性を高め、そのスキル（技量）を理論的・実践的に構築させるために、学会認定資格「保育ソーシャルワーカー」養成を進めている[14]。

学会認定資格「保育ソーシャルワーカー」には、3つの等級（初級・中級・上級）がある。ここでは、初級について述べるが、学会の開催する「初級保育ソーシャルワーカー養成研修」（以下、講座と略）を受講または基礎資格（表12-1および表12-2を参照）により、学会から資格認定を受けることが必要である[15]。

基礎資格については、表12-2、第1グループにあるように保育士資格または幼稚園教諭免許状を有すること、かつ、社会福祉士資格または精神保健福祉士資格の併有となっている。また、第2グループにあっては、保育、教育、社

表12-1　保育ソーシャルワーカー養成研修受講資格及び資格認定の要件

等級	研修受講資格及び資格認定の要件
初級保育ソーシャルワーカー	① 学会入会不問 ② 第1グループ及び第2グループは、講座受講なしで資格認定を認める。その他のグループは、講座受講が必要。 ③ 修了レポートの義務づけ ④ 更新なしの永久資格とする。 ⑤ 中級へのステップアップのためには、学会入会と講座受講が必要。

出典：日本保育ソーシャルワーク学会ホームページより引用し筆者改変。

表12-2　申請のグループ

グループ	要　件
第1グループ	① 保育士または幼稚園教諭　＋　② 社会福祉士または精神保健福祉士
第2グループ	① 保育、教育、社会福祉、医療系等大学院修士以上修了者 ② 大学（短期大学、専門学校を含む）において、保育士養成課程科目、幼稚園教諭養成課程科目、社会福祉士養成課程科目、精神保健福祉士養成課程科目のいずれかを担当する教員（過去にこれらの教育経験がある者を含む）
第3グループ	保育士、幼稚園教諭、社会福祉士、精神保健福祉士、臨床心理士、臨床発達心理士、精神科医、保健師、看護師（准看護師）のいずれかの免許・資格を有する者
第4グループ	第3グループ以外で、学会資格認定委員会及び理事会で認められた資格・免許及び職種。例：介護福祉士、介護支援専門員、小学校・中学校・高校教諭、養護教諭、特別支援学校教諭、児童福祉施設職員（ライセンスなし）
第5グループ	① 保育ソーシャルワークに高い関心がある者（例：子育て中の親など） ② 保育ソーシャルワークに高い関心がある学生（大学、短期大学、専門学校等）

出典：日本保育ソーシャルワーク学会ホームページより引用。

会福祉、医療系等大学院修士以上修了者、大学（短期大学、専門学校を含む）において、保育士養成課程科目、幼稚園教諭養成課程科目、社会福祉士養成課程科目、精神保健福祉士養成課程科目のいずれかを担当する教員（過去にこれらの教育経験がある者を含む）となっている。さらに、第3グループは保育士、幼稚園教諭、社会福祉士、精神保健福祉士、臨床心理士、臨床発達心理士、精神科医、保健師、看護師（准看護師）のいずれかの免許・資格を有する者であり、かつ、講座受講が必要となっている。

　すなわち、保育ソーシャルワーカーに求められる専門性、実践力を資格認定機関が根拠を持って養成し認定する試みである。

　また、それと同時にフォローアップ研修などの実施により、保育ソーシャルワーカーの資質と専門性の向上を図ること、保育施設における専門職としての地位を制度政策的にも確立し、子どもとその家庭の最善の利益に貢献するための保育ソーシャルワーカーを支援する仕組み作りが求められる。つまり、制度政策論を踏まえての体系的・構造的な保育ソーシャルワーカー養成プロセスを構築することも必要であると考える。

3 保育ソーシャルワーカー養成の構想とその制度設計
――近接類似職との比較を通して――

　ここでは、近接類似職としてスクールカウンセラー、及びスクールソーシャルワーカーを取り上げ、その養成と役割について検討を行う。その上で保育ソーシャルワーカー養成研修のあり方を考察したい。

　まず、スクールカウンセラーとは教育機関において高度な専門的心理学知識や心理援助業務に従事する心理専門家の職業名であり、その業務に従事する者をいう。スクールカウンセラーが広く知られるようになった契機は、1995年度に旧文部省が開始したスクールカウンセラー活用調査研究委託事業であり、開始年度においては全国154校に配置・派遣された[16]。2001年度以降は、スクールカウンセラー活用事業補助となり本格的に制度化され、2014年度には、全国21764箇所で配置されている[17]。

　スクールカウンセラーの資格要件は、「臨床心理士」「精神科医」「大学教員（資格要件あり）」であることが前提となっており、スクールカウンセラーとしての養成は実施されていない。そのため、前述した資格要件に見合う者が各地方自治体・教育委員会の募集要件によりスクールカウンセラーとして任用されている[18]。また、理由に合理性が認められる場合は、スクールカウンセラーに準ずる者が任用される場合もある。業務は、児童生徒へのカウンセリング、教職員への助言・援助などであったが、電話相談事業、災害時緊急スクールカウンセラー活用事業が実施できるようになった。また、初等中等教育局長決定「緊急スクールカウンセラー等活用事業実施要領」（2016年4月）により被災した幼児児童生徒が安心して学校生活を送ることができるよう支援体制が整備されている[19]。さらに、スクールカウンセラー等に対して適切な指導・援助ができるスーパーバイザーを学校・教育委員会に配置し、スクールカウンセラー等の専門性を向上させるための研修会や、情報交換、関係機関との連絡調整等を行う連絡協議会が開催されている[20]。

　一方、スクールソーシャルワークとは、文部科学省・スクールソーシャルワーカー活用事業[21]によれば、「問題を抱えた児童生徒に対し、当該児童生徒が置かれた環境へ働き掛けたり、関係機関等とのネットワークを活用したりするなど、多様な支援方法を用いて、課題解決への対応を図っていくこと」とされ、学校を基盤としてソーシャルワークの価値・知識・技術に基づき支援活動を実

施している。

　その資格要件は、「社会福祉士や精神保健福祉士等の資格を有する者のほか、教育と福祉の両面に関して、専門的な知識・技術を有するとともに、過去に教育や福祉の分野において活動経験の実績等がある者」[22]である。さらに、学校現場で働くという特色から、児童生徒の心身の発達や思春期特有の心性の理解、克服課題といったメンタルヘルスに関する知識や学校教育におけるチームの一員として働くための組織的・管理運営的理解といった、教育現場での機能に相応しい教育内容も同様に求められている。そのため、2009年度から社団法人日本社会福祉士養成協会において、社会福祉士資格を前提としたスクール（学校）ソーシャルワーク教育課程事業を創設するなど、社会福祉士等ソーシャルワークに関する国家資格有資格者を基盤として、社会福祉士養成課程の中で「スクールソーシャルワーク論」、「スクールソーシャルワーク演習」などのカリキュラムを策定している。また、福祉系大学、社会福祉士及び精神保健福祉士養成校卒業者、並びに社会福祉士及び精神保健福祉士登録者を対象にスクールソーシャルワーカー養成講座が行われ、日本社会福祉士養成校協会の修了証が付与されるなど、学校教育の領域で実践能力を有したソーシャルワーカーを養成することに努めている。[23]

　このように、スクールカウンセラー、スクールソーシャルワーカーのいずれも学校という現場において、それぞれの知識や技術に応じた対応が求められ、支援を実施している。しかし、一方で現状を危惧する声もみられる。例えば、山下英三郎は、スクールソーシャルワーカーを既存のソーシャルワーク人材によって供給することは難しく、そのためソーシャルワークの知識を有していない人たちがスクールソーシャルワーカーとして活動している状況にあると述べている。[24]そのため、ソーシャルワークの理念である「子どもと家族の利益を追求するというよりも、個人的な勘や経験のみに基づいて問題を解釈し判断をし、結果的にクライエントを傷つけてしまう」恐れがあると指摘している。また、スクールカウンセラーにおいても、スクールカウンセラーをスーパーバイズする者の配置の必要性や一定の資質を保証していくことが重要と指摘される[25]など、その養成のあり方は課題とされている。

　以上のように、近接類似職をみると、社会福祉士及び精神保健福祉士、臨床心理士といった基礎資格が定められている場合とそうでない場合があり一貫したものはない。また、基礎資格を有さない者であっても、養成講座等による養

成も行われ、各団体が認証する道も残されている。しかしいずれの場合であっても、その基礎となる専門性を保持したものが任用される方向にあり、更に専門性を向上させるための教育及び研修の重要性が叫ばれている。そこで、前述したように、学会では、「保育ソーシャルワークに関する専門的知識及び技術をもって、特別な配慮を必要とする子どもと保護者に対する支援をつかさどる者」として、「保育ソーシャルワーカー」の認定・登録制度を開始した。「保育ソーシャルワーカー」は、初級・中級・上級の3つの段階に分かれており、それぞれ、「保育ソーシャルワークに関する基本的な専門的知識・技術を有する保育ソーシャルワーカー」、「保育ソーシャルワークに関する高度な専門的知識・技術を有する保育ソーシャルワーカー」、「保育ソーシャルワークに関する高度な専門的知識・技術を有する保育ソーシャルワーカー。さらに、初級保育ソーシャルワーカー及び中級ソーシャルワーカーに対するスーパービジョンを担うことができる者」と定義されている。

　2017年現在において、初級、中級の養成研修が実施されており、なかでも「初級保育ソーシャルワーカー」は2日間にわたって保育現場で求められる理論と実践に係る科目について学びを深め、認定試験を経た後、保育ソーシャルワーカーとして認定されるものである。2017年現在、87名が初級保育ソーシャルワーカーとして認定されている。これらの取り組みは、子どもと子育て家庭への支援を実施していく上で必須と考える。また、近接類似職で多く指摘されているように、専門性を向上させていく取り組みも必要となってくる。そこで、学会では、2017年度から、さらに高度な専門知識と技術の修得を目指した「中級保育ソーシャルワーカー養成研修」も実施しており、今後もこの取り組みを引き続き実施していく予定である。

おわりに
——当面する課題——

　最後に、保育ソーシャルワーカー養成をめぐる当面の課題について、4点、指摘しておきたい。
　第1点は、保育ソーシャルワーカーの定義をより一層明確なものにするということである。その際、子ども・子育て支援専門職として、子どもに対する支援と保護者に対する支援を総合的、統一的にとらえていくことが不可欠である。すなわち、子ども・子育て支援専門職たる保育ソーシャルワーカーは、保育（と）

ソーシャルワークについての高度な専門性（専門的な知識、技術、倫理）を併せもつことが求められるのである。

　第2点は、保育ソーシャルワーカーの職責（職務内容）をより具体的に措定していくということである。その職責として、子どもの育ちと保護者の育ちをトータルに支援していくという観点から、内容的には、保護者に対する専門的な保育指導や子育て等に関する相談・助言、情報提供、関係機関・関係者との連携並びに保育者（園長・主任等を含む）に対するスーパービジョンや保育実践への支援などがコアとなるであろう。

　第3点は、保育ソーシャルワーカー養成、免許・資格、採用、研修について包括的、体系的に制度設計していくということである。制度論的には、当面は、例えば、保育士・幼稚園教諭養成カリキュラムと社会福祉士養成カリキュラムをより連動的・有機的なものにしていくといった手立てが有効であろう。しかしながら、将来的には、養成から研修へと繋がる一本化された新たな子ども・子育て専門職として構想していくことが望まれる。

　そして、第4点は、喫緊の課題として、保育者・子育て支援担当者を対象とした研修体制の整備確立を図っていくということである。そして、「ソーシャルワークに造詣の深い保育士・幼稚園教諭」または「保育に造詣の深いソーシャルワーカー」を育成していくことが求められる。そのためには、保育（と）ソーシャルワークに関する理論的かつ実践的な講座内容・方法のさらなる充実が不可欠である。

注
1)　山本佳代子「保育ソーシャルワークに関する研究動向」『山口県立大学学術情報』第6号（『社会福祉学部紀要』第19号）、2013年、49頁。
2)　同上、57頁。
3)　同上、54頁。
4)　伊藤良高・宮﨑由紀子「保育ソーシャルワークと保育者の資質・専門性」、伊藤良高・永野典詞・中谷彪編『保育ソーシャルワークのフロンティア』晃洋書房、2011年、78頁。参照：若宮邦彦「保育ソーシャルワークの可能性」、伊藤良高・中谷彪編『子ども家庭福祉のフロンティア』晃洋書房、2008年；伊藤良高・香﨑智郁代・永野典詞・三好明夫・宮﨑由紀子「保育現場に親和性のある保育ソーシャルワークの理論と実践モデルに関する一考察」、熊本学園大学総合科学研究会編『熊本学園大学論集　総合科学』第19巻第1号、2012年、他。

5） 同上。
6） 同上。
7） 永野典詞「保育ソーシャルワーカーの可能性」、伊藤・永野・中谷編前掲書、112頁。
8） 同上。
9） 土田美世子『保育ソーシャルワーク支援論』明石書店、2012年、215頁。
10） 同上、216頁。
11） 詳細は、日本保育ソーシャルワーク学会ＨＰ（http://jarccre.jimdo.com/）を参照されたい。
12） 例えば、香﨑智郁代・伊藤良高・永野典詞・宮﨑由紀子・桐原誠・安部和歌葉「保育ソーシャルワークの視点からの『子育て支援コーディネーター』に関する研究――資格・資質・養成を中心に――」『日本乳幼児教育学会第22回大会研究発表論文集』2012年、他。
13） 土田前掲書、215頁。
14） 吉田祐一郎「6　保育ソーシャルワーカーの資格認定――内容と要件―― Q23　保育ソーシャルワーカー認定資格とはどのような性格のものですか？」日本保育ソーシャルワーク学会編『保育ソーシャルワーカーのおしごとガイドブック』風鳴舎、2017年、89頁。
15） 永野典詞「6　保育ソーシャルワーカーの資格認定――内容と要件―― Q24　初級保育ソーシャルワーカーにはどうすればなれますか？」日本保育ソーシャルワーク学会編、前掲書、92頁。
16） 今田里佳・後藤正幸・吉川領一・石隈利紀「生徒支援における専門性を活かした役割分担：学校心理学に基づくスクールカウンセラーの実践」『教育実践研究：信州大学教育学部付属教育実践総合センター紀要』第２巻、2001年、1頁。
17） 文部科学省　初等中等教育局『基礎資料』http://www.mext.go.jp/b_menu/shingi/chukyo/chukyo3/052/siryo/__icsFiles/afieldfile/2015/05/07/1357412_04_1.pdf（最終確認2017年1月25日）。
18） 文部科学省ＨＰ「スクールカウンセラー等活用事業実施要領」http://www8.cao.go.jp/hanzai/kuwashiku/suishin/kentokai/mental（最終確認2013年10月8日）。
19） 文部科学省ＨＰ「緊急スクールカウンセラー等活用事業実施要領」http://www.mext.go.jp/a_menu/seitoshidou/1373180.htm（最終確認2018年1月27日）。
20） 同上。
21） 文部科学省ＨＰ「スクールソーシャルワーカー活用事業」http://www.mext.go.jp/b_menu/shingi/chousa/shotou/046/shiryo（最終確認2013年10月6日）。
22） 文部科学省ＨＰ「スクールソーシャルワーカー活用事業実施要領」（http://www.mext.go.jp/a_menu/shotou/seitoshidou 最終確認2013年10月8日）。

23) 白澤政和「ソーシャルワーカーとしての社会福祉士の養成教育に求めるもの――カリキュラム改正を超えて――」『月刊福祉』、第93巻第13号、2010年、12-16頁。
24) 山下英三郎「スクールソーシャルワーク実践における課題（上）」『月刊福祉』、第92巻第3号、2009年、54-57頁。
25) 文部科学省HP「2　スクールカウンセラーについて」http://www.mext.go.jp/a_menu/shotou/seitoshidou/kyouiku/houkoku（最終確認2013年10月8日）。

第13章
子どもの貧困と保育ソーシャルワーク

はじめに

　2014年に通称「子どもの貧困対策法」(子どもの貧困対策の推進に関する法律)が施行された。本法は、子どもの貧困の解消・教育の機会均等・健康で文化的な生活の保障、次世代への貧困の連鎖の防止などを目的にするものであり、乳幼児期からの早期対応の充実や親の就労支援のための保育所定員の増員などが具体例として挙げられている。「子どもの貧困」を克服するためには保育所の条件整備を欠かすことはできない。

　本章はまず、「子どもの貧困」の定義や関連制度をおさえた上で、その実際について事例を検討し、最後に「子どもの貧困」を克服するための保育ソーシャルワークの視点を述べるものである。

1　「子どもの貧困」とは何か

(1)「子どもの貧困」をどう理解するのか

　「子どもの貧困」とは、「子どもが経済的困難と社会生活に必要なものの欠乏状態におかれ、発達の諸段階における様々な機会が奪われた結果、人生全体に影響を与えるほどの多くの不利を負ってしまうこと」[1]である。これは、本来、社会全体で保障すべき子どもの成長・発達を、個々の親や家庭の「責任」とし、過度な負担を負わせている現状では解決が難しい重大な社会問題とされている。「子どもの貧困」は「お金がない」という問題が中核にあるが、このような経済的次元から衣食住や医療、余暇活動・遊び、日常的な養育・学習環境、学校教育などの様々な局面において、多くの不利を負ってしまうことである。さらに、「子どもの貧困」は、子どもの現在の状況に影響を与えるのみならず、

長期にわたって固定化し、次の世代へ引き継がれる可能性（貧困の世代間連鎖）を含んでいる。

「子どもの貧困」を把握する方法の１つに「子どもの貧困率」がある。世帯所得を世帯人員数で調整した値が社会全体の中央値（一番標準的な値）の50％未満の世帯を「貧困」と定義した上で、子ども全体の中で何パーセントの子どもが貧困の世帯に属しているかを測定したのがそれである。ユニセフの推計によると、日本の子どもの貧困率は14.9％であり（６人に１人）、2000年代半ばにおいて国際的に高い国に属している[2]。

（２）貧困下におかれた親子を理解するために

2014年２月に発表された政府の労働力調査によると、2013年を平均した非正規雇用の労働者は1906万人と前年より93万人も増え、役員を除く雇用者5201万人の37％を占めている。正規雇用の労働者は3294万人で、前年に比べ46万人も減った。非正規で働く男性の３割が正規の仕事がないために、やむなく非正規労働に従事している。

こうした非正規労働者のうち「１年未満の契約、内職、家族従業者」の子どもの貧困率は、「常雇（中大企業、役員）」のそれの約3.7倍、「常雇（小企業５人未満）」のそれの1.6倍にも及ぶ。

また、子どもの貧困率を子どもの年齢別でみると、「０～２歳」という最も幼い年齢の子どもの貧困率が最も高い。

さらに、ひとり親世帯、特に母子世帯の子どもの貧困率が高いのは良く知られている（66％・2004年）。しかも、就労していようがいまいが、ひとり親世帯の子どもの貧困率がそれほど変わらないのは先進国のうち唯一日本だけである。特に母子世帯の母親の約５人に１人は、ダブルワーク・トリプルワークをしているものの、日本では貧困から脱出できないのだ。

ところで、子どもの権利委員会は一般的見解第７号「乳幼児期の子どもの権利」で、乳幼児期は、子どもの権利の実現にとって臨界期であり、体と心の健康、情緒の安定、文化性および個性における自分らしさ、そして潜在的能力の発達にとって基盤となる、と述べている。子どもの貧困は、子どもの権利実現にとっての臨界期を奪うことにほかならない。子どもの権利委員会は第３回最終見解で、日本の子どもの貧困率の高さを懸念し、この根絶のための予算増等戦略の策定を勧告している。

（3）解決策としての現行制度の現状とその改善課題

「子どもの貧困」と保育との関係で最もわかりやすいのは、保育所保育料である。市町村が徴収する保育料は、前年度及び当年度の住民税を基準にするため「応能負担」と呼ばれている。ところが、その保育料を払えない保護者が存在する。また、市町村によっては、年度途中で失業に伴って収入が減少した場合に保育料が減額される場合もある。いずれにせよ、本来の意味の「応能負担」、すなわち負担能力に応じた保育所保育料の設定が求められる。保育料のほかに給食費等の費用負担もある。[3]

ひとり親家庭には児童扶養手当が支給される（ただし所得制限あり）。また、保育所への優先入所が認められているものの、「求職中」が入所要件として認められなかったり、パート就労ゆえにフルタイムよりポイントが低く、結果として優先的に入所できなかったりする実態もみられる。また、宿直・夜勤など不規則就労のひとり親家庭等のために、ショートステイ（短期入所生活援助事業）やトワイライトステイ（夜間養護等事業）がある。しかし実施カ所数が少なく、子育て家庭にあまり知られていない。一方、保育所では延長・夜間保育や休日・祝日保育の実施が進み、24時間保育も実施されはじめている。

憲法で保障された生存権を具体的に保障しているのが生活保護制度である。しかし、生活保護制度はよく知られておらず、稼働能力のない高齢者や障害者のための制度というイメージが強い。稼動能力があっても、例えばパート収入と手当のみの収入では世帯の最低生活費に満たない場合で、金銭的に頼れる親族がいないひとり親世帯のケースは、保護の対象となる可能性が高い。ただし、稼動能力のある世帯は自立を目標とするため、長期には利用しにくいものといえる。

もし、多額の借金を抱えて返済に追われているような場合は、弁護士に相談する方法もある。弁護士が代理人となり消費者金融などと話し合って借金額を減額してもらう「任意整理」などの「債務整理」が法律に基づいて行えるようになっている。

経済的困難や生活必需品の欠乏は、親子の心身にも悪影響を及ぼす。その典型が児童虐待である。保育所は、子どもの言動や親子関係など、「気になる」場面に遭遇したら速やかに児童相談所に通告しなければならない。保育所には児童虐待の早期発見義務が課せられている。虐待に向かわないような地域の子育て支援を、保育所保育士だけでなく、市町村（家庭相談員）や福祉事務所、保

健所・保健センター、主任児童委員、児童委員、学校、警察などと推進する必要がある。そのために「要保護児童対策地域協議会（要対協）」がある。

（4）貧困は見ようとしないと見えない

　貧困におかれた子どもたちは次のような姿を見せる。身体や着衣が不潔、保育園に通えないことがある、必要な持ち物がない・忘れる、立ち歩く、暴言・暴力がある、他人のものを盗む、パニックになる、過食、整理整頓ができない、良い子であろうとする、親をこわがる、親にへつらうなど。幼い子どもたちは不満やねがいを正確に口に出すことが困難である。

　一方保育者は、幼い子どもたちの貧困を最も把握しやすい立場にある。子どもたちの「声なき声」をいかに聞こうとするかが問われている。また、保護者に対しては、すでに述べたような制度を知らせることが求められよう。制度は自ら対象者を捜してはくれない。そして、最も大事なことは、親子との信頼関係を構築し、これを維持することにある。信頼関係がなければ保護者はおろか子どもたちを貧困から救うことはできない。貧困の連鎖を食い止めるには、幼い子どものときからの支援が必要である。[4]

2　「子どもの貧困」の実際
——事例検討——

　本節では、3つの「子どもの貧困」事例をもとに保育所における保育ソーシャルワークを検討する。なお、すべての事例は実際のケースをもとに一部加筆修正したものである。

（1）事例1　若年母子世帯

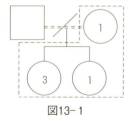

図13-1

・19歳の若年母親と子ども（3歳、1歳）の3人家族。未婚で出産。子どもたちの父親（元彼）とは音信不通。母親と母親の実母（子どもの祖母）との関係は良くない。
・母親は夜間にホステスとして週3日ほど働いている。その間、子どもたちを同じ市内に住む実母に預ける。現在の彼氏に預けることもある。
・現在は就労収入でなんとか生計をたてているが、経済的に不安定。

> ・夜遅くまでの勤務のため朝方眠ってしまい、子どもたちを保育園に送れない日がたびたびある。子どもの衣類等の忘れが多い。
> ・保育園での子どもたちは比較的おとなしく手がかからないが、強いて言えば食事への執着が気になる程度。

　事例1に対するアセスメント及び支援のポイントは以下の諸点である。
　第1に、母子世帯対応の社会保障制度を活用しているかどうかを確認し、もし活用していなければ速やかに手続きをする必要がある。母子世帯には児童扶養手当が支給される。本手当は所得制限があるものの、いくら時給の高いホステスとはいえ、週3日の勤務では支給対象になるであろう。市町村によっては児童扶養手当に上乗せする手当もある。児童手当の支給は言うまでもない。
　また、児童扶養手当等現金給付のほか、福祉事務所に配属されている母子自立支援員から本家庭に必要な他の経済的支援や家事支援、育児支援の制度についてアドバイスを受ける必要がある。母子家庭等日常生活支援事業ほか、育児支援、家事支援が可能な機関やNPOを紹介できると良い。
　なお、実の父親である元彼に養育費を請求するのは、音信不通ゆえに困難といえるだろう。
　第2に、母親は週3日ホステスとして就労しているが、幼い子どもの子育て及び実母との関係不和を考えると、毎日昼間就労できる支援が求められる。そのためには、彼女の就きたい仕事を尋ねたり、必要に応じて学び直しや資格を取得できたりするような支援が必要である。ハローワークや母子家庭等就業・自立支援センターなどへのアクセスが求められる。もし転職するにあたって学歴や資格が求められるのであれば、定時制や通信制高校、専門学校等への入学準備や通学支援を検討しなければならない。
　第3に、2人の子どもを確実に保育所に通わせる手立てを打つことである。就労のために実母や彼氏に預けている状況では、毎日保育所に通っているか不明である。
　もし、自宅の近くに延長・夜間保育、日祝保育を実施している保育所があれば転園して利用したい。実母や彼氏に預けるのは急な場合にとどめ、生活実態に見合った保育所の利用を勧めたい。また、夜遅くの勤務のため保育所に送迎できない場合には、ファミリーサポートセンター制度を活用することが望ましい。保育所は子どもたちの、寝ること・食べること・遊ぶことが保障されてい

第 4 に、母親とはもちろん、母親の実母や現在の彼氏との信頼関係を形成し、情報収集して実態把握に努めることである。

　衣類等の忘れ物が多い点は、子どものことが気になりつつも、生活費や仕事に追われて心の余裕のなさから生じていることが考えられる。あるいは、子どもへの関心がないことも予測される。もしそうであれば今後ネグレクトに進行していく可能性もある。また、子どもが保育園では比較的おとなしく手がかからない状態の点も気にかかる。場合によっては、子どもが幼いながらも母親に自分を出せない、甘えを出せない、甘えを受け止めてもらえない状況であるのかもしれない。また、食事への執着については、家庭で満足な食事ができていないことも予想される。いずれにせよ保健所・保健センターとの連携も求められる。

　もしかすると、母親と実母が不仲なのは母親が幼い頃に実母との愛着関係が築けなかったからかもしれない。この影響が母親の恋愛や育児に反映している可能性もある。保育所は母親だけでなく実母との関係づくりについても慎重に進めるべきであろう。

（2）事例 2　母親の疾病や子どもの不登校をかかえる母子世帯

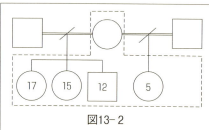

図13-2

- 母親と子ども（17歳（高2）、15歳（中3）、12歳（小6）、5歳）の5人家族。
- 母親は精神疾患を患っている。ここ2年ほどで引きこもりが重症化。外出ほぼ不可。家事も十分にこなせず、買い物は主に高2の長女がしている。
- 生活保護受給。
- 上の子ども3人と、末っ子の父親は別人。どちらの元夫とも連絡は取っていない。
- 高2は彼氏ができてから学校を休みがちになった。数日外泊することもある。彼氏や友人と夜の繁華街で飲み歩いているという噂がある。
- 中3、小6の子どもは、不登校。
- 5歳（年長）の子どもは、近所に住む保育園の保護者の厚意で毎日送迎してもらっている。着替えをしておらず、異臭がする日もある。

事例2に対するアセスメント及び支援のポイントは以下の諸点である。

第1に、母親の病状を正確につかみ、母子世帯の生活支援を進める必要がある。まず病状をつかむためには、医療機関（かかりつけ医）や保健所との連携を欠かすことはできない。母親の精神疾患は日常の家事ができないほど重症化している。そのことが4人の子どもたちにも精神的不安を与えている。家庭が、子どもたちへのしつけや生活態度、生きる心の支えとなっていない状況が読み取れる。

第2に、子どもたちの不登校について学校教員（担任・養護教諭）やスクールカウンセラー、スクールソーシャルワーカーと連携することが必要である。子どもたちは貧困ゆえに学習意欲や生きる意欲をなくしているのかもしれない。いじめも容易に考えられる。子どもたちの悩みを聞き、また希望をもち学習意欲が高まるように、学習ボランティアや無料学習塾、週に1回のお泊り勉強会などの居場所の確保が必要である。その居場所では、学習だけでなく食事づくりや何気ない語り合いを通して学べる機会、友だちをつくる機会をつくるとよい[5]。

特に、スクールソーシャルワーカーとの連携が必要不可欠である。中3は進路選択、小6は中学校入学の節目の重要な時期であり、今この時期を逃すことはできない。子どもたち全員を児童養護施設に措置することも可能ではある。しかし、それは最終手段に留め、子ども達の意志を尊重した上であらゆる支援を検討し彼らの居場所を早急に対応することが大切である。

第3に、高校生の長女には早急に手厚い支援が求められる。このままでは長女の生活は一層乱れ、今後高校中退や妊娠も考えられる。また、それが心身の不調をもたらし健康な生活に戻るのが難しくなることも予想される。現在は母親代わりに買い物や家事をする努力をしている。彼女の努力を認めつつ、彼女の願いや進路を一緒に聞き、対応する機関が必要である。母に認められたい、甘えたい要求があるのかもしれない。彼女の不安や将来への絶望感が「繁華街で飲み歩いている」行動を起こしているのかもしれない。彼女がこれからの将来に希望が持てるように、丁寧な対応が求められている。もし彼女が高校教員と信頼関係をつくっているならば、教員との連携が必要である。

第4に、年長の子どもが保育園に通い続けられるようにしなければならない。来春は小学生である。今は毎日保育園へ登園でき、友だちとの関わりや、食事や遊びの学びもできているように思われる。しかし、小学生になったら兄や姉

の様子を見て不登校になる不安がある。地域の協力の継続性を大切にし、子どもも保育園が大好き、保育園にくるとホッとできるという信頼関係を一層築く必要がある。保育園での支援として、なるべく自分のことは自分でする、自分で入浴して体を洗う力、自分で明日の準備をして忘れ物をしないなど、自立の力を入学までに身につけることができると良いだろう。また、小学校入学までに小学校教師やスクールソーシャルワーカーと連携を十分にとり、子どもとその家庭の状況に関する引き継ぎが必要である。

(3) 事例3　両親ともに障害をかかえる生活保護世帯

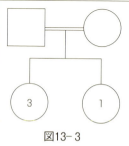

図13-3

- 両親と子ども（3歳、1歳）の4人家族。
- 両親ともに療育手帳区分C判定の知的障がい者。父親は、就労が長続きせず、職を転々としている。生活保護受給。
- 母親はパートで3時間程度働くのが精一杯である。就労及び経済的に不安定である。
- 特定の保健師に依存する傾向があり、事あるごとにその保健師を尋ねて相談している。
- 両親ともに発言と行動が伴っていないことが多く、近所住民からも「嘘つきだ」と苦情が役所に寄せられたことがある。また、借金の取り立てらしき人物が時々アパートに来ている様子。何かとトラブルに巻き込まれやすい。
- 子どもたちにも発達遅滞が見受けられる。

事例3に対するアセスメント及び支援のポイントは以下の諸点である。

第1に、父親の仕事が長続きしないことから、勤務場所で仕事が継続できるように支援する必要がある。地域障害者職業センターや障害者就業・生活支援センターなどの就労支援機関につなげた上で、仕事が長続きしないのは本人と仕事内容が釣り合わないのか、あるいは職場の人間関係なのかなど本人と勤務場所との双方から、センターの支援者とともに情報を収集することが求められる。勤務場所における職員の指導が不十分であれば、センターの支援者とともに、丁寧に仕事の手順を教えたり、ミスをしない方法を教えたり、仕事に意欲のもてる支援が必要である。両親とも生活保護を受給しつつも働く意欲をもっているため、彼らの就労意欲を大切にしつつ、性格やもっている力に合った仕

事を見つけることが求められる。

　第2に、この家庭をとりまく地域住民の理解や支援は欠かせない。地域住民とのトラブルを回避するために、民生委員・児童委員などの地域の役職者には、本家庭の両親がともに障害者であるため日常生活のサポートが必要なことを、本人の了承を得て適切に伝える必要がある。また、保育所が中心になり、保育所の保護者会に働きかけて彼らが地域で安心して暮らせるようなインフォーマルな支援をつくりだすことも重要な役割である。

　軽度知的障害者は障害がわかりにくいため周囲の理解も得られにくい。また、騙されやすい（信じやすい）ために詐欺や訪問販売などの消費者問題も抱えやすい。もし借金の取り立てがあるなら、弁護士に介入を依頼し、その救済や借金をしない方法を支援する必要がある。そのためには、自治体の無料法律相談を受ける指導ができると良い。ただ、困ったときに相談する場所の認識はあるため、社会からの孤立は回避できている。特定の保健師に依存しているため、保健師との関係を維持しつつ障害者地域生活支援センターなどの機関につなぐことも検討したい。金銭の使い方や買い物の仕方、家事の仕方の指導も必要と考えられる。

　第3に、保育所全体として本家庭を支援する体制を整えることが必要である。保育所では2人の子どもの成長を良く観察し、記録を取る必要がある。また療育や保育所以外での支援は何が必要かを検討することも必要である。保護者会として支援することも検討したい。また、保育所が子どもたちの生活の様子を両親に理解しやすいように伝え、家庭でも子どもたちにとって良い環境で育つようにすることが大切である。場合によっては、時期や両親の気持ちを踏まえた上で療育機関につなぎ、親子通園を勧めるなど、両親がわが子を理解して子育てができるようにすることも検討したい。

3　「子どもの貧困」を克服する保育ソーシャルワークの視点

　3つの事例をとおして、「子どもの貧困」を克服する保育ソーシャルワークの視点について考えてみたい。

　第1に、対象家庭の就労状態や職場環境をつかみ、活用できる経済的な支援（現金給付）を早急に実施することが必要である。ひとり親家庭には児童手当だけでなく児童扶養手当が支給される。自治体の上乗せもありうる。小学生や中

学生を育てる家庭には、就学援助制度を活用することが望まれる。

　保育料や給食費などの実費徴収に対する滞納はSOSのサインと受け止めたい。今この家庭にどんな制度を利用して経済的支援ができるのかについて常に最新の情報収集が必要である。経済的困難は、家庭内の育児能力の低下や子ども虐待を生み出しやすい。

　第2に、関係機関との連携が必要不可欠である。このような事例を保育所だけで抱え込んではならない。要保護児童対策地域協議会を構成する児童相談所をはじめ、保健・医療機関や学校等教育機関などと日常的に関係をつくることが求められる。まずは園内の職員に周知して、この子どもや家庭を園全体で支えることを確認して、子どもや家庭の情報交換を行う。そして関係機関と連携をとり、子どもや家庭の多面的支援、継続的支援ができるようにする。卒園して支援が途切れることがないようにすることも大切である。事例2のように、緊急に対応が必要な高校生や中学生がいる場合もある。市町村だけでなく高校や中学校の教員、地域の民生委員・児童委員との連携が必要である。

　ただ、関係機関との連携をリードすべき市町村などの公的機関には転勤がある。2～3年で転勤することもあれば、福祉関係とは関係のない部署からの転勤もある。引き継ぎが上手くなされないことも生じる。そのため、関係機関の中で責任者として担い続けることが難しく、"漕ぎ手が集まっても船頭がいない"状態になることもある。やはり公的機関がリーダーとして牽引する役目を果たすためには、引き継ぎや研修を行うことが大切である。また公的機関は、公正や公平が原則であるため、例外を認めることができず、多様な個人個人に対応するには柔軟性に欠ける点もある。法に違反しない範囲で、より、1人1人に見合う柔軟な対応が求められる。

　第3に、子どもにとって最善の方法をとるように努めることである。多くの調査結果から明らかなように、貧困は虐待と強く結びついている[6]。虐待の疑いがあると、現在は子どもの生命の保護から、母子分離で施設入所が進められることが多い。しかし事例1や事例2のように、母親が子どもと一緒にすごしたい意志があり、今も頑張っている姿が見える場合は、なるべく母子が一緒に生活できる方法を探し続けたい。そのためには保育所が母親の支えになり、心のよりどころとなるように担任はもちろん全職員のバックアップが必要である。そこで子育ての仕方や愛情の注ぎ方を伝え、家庭が母子ともに安心できる場所になっていくことを支える必要がある。

保育所は「貧困の防波堤」である。地域で孤立しないためには保護者会など保護者の力を活用することも可能である。加えて、地域子育て支援を実施する保育所は、地域の子育て資源等に関する情報をキャッチし、地域で生活する家庭の子育てを支えている。保育所の保護者集団が「みんなで支え合う、1人1人の家庭を理解し合う、必要な援助の手を差し伸べる」のような力をもっていれば、いずれは地域の力となっていくであろう。そのためにも、保育ソーシャルワーカーの役割は大きい。

おわりに

　貧困は見えにくい。携帯を使い、衣服もボロボロでない。貧困であっても往々にして、彼等は「働けないのは自分が悪い」「わが子が暴れるのは自分のせい」と自己責任として感じていることが多い。一方で「他人に知られたくない」というプライドを持つこともある。保育者は、日常の何気ない話や子どもの様子を観察するなかで、貧困が与える子どもへの影響を感じ取る感性が必要である。
　3つの事例すべて、現在は園長や担任が日常の業務をしながら抱えているケースである。専門的知識も十分ではないことも多い。「子どもの貧困」を克服するためには公的保育制度の拡充が必要不可欠である[7]。まずは、巡回型の保育ソーシャルワーカーを配置することが「子どもの貧困」を克服する重要な一歩といえる[8]。

注
1) 子どもの貧困白書編集委員会編『子どもの貧困白書』明石書店、2009年、10頁。なお、「子どもの貧困」問題を学ぶためには本書の他、阿部彩『子どもの貧困――日本の不公平を考える――』岩波書店、2008年、山野良一『子どもの最貧国・日本――学力・心身・社会におよぶ諸影響――』光文社（光文社新書）、2008年、浅井春夫・松本伊智朗・湯澤直美編『子どもの貧困――子ども時代のしあわせ平等のために――』明石書店、2008年を参照されたい。
2) 阿部彩『子どもの貧困Ⅱ――解決策を考える――』岩波書店、2014年。
3) この点は実方氏が詳しく述べている。実方伸子「保育の場からみる子どもの貧困――子どもと家族をまるごと支える――」、浅井春夫・松本伊智朗・湯澤直美『子どもの貧困――子ども時代のしあわせ平等のために――』明石書店、2008年。
4) 紙数の関係で、貧困による保育所入所児への影響と保育者の支援・実践については

述べることができなかった。この点については、以下を参照されたい。赤旗社会部「子どもと貧困」取材班『『誰かボクに、食べものちょうだい』』新日本出版社、2010年。増田百代ほか「座談会　今、必要な保育園とは――震災・貧困・虐待問題などから保育園の役割を考える――」、全国保育団体連絡会編『ちいさいなかま臨時増刊号　子どもにもっと豊かな育ちを！』ちいさいなかま社、2012年、92-111頁。保坂渉・池谷孝司『ルポ　子どもの貧困連鎖――教育現場のSOSを追って――』光文社、2012年。平松知子「人生最初の6年間をどの子も豊かに――子どもも親も支える保育園――」、教育科学研究会編『講座　教育実践と教育学の再生　第1巻　子どもの生活世界と子ども理解』かもがわ出版、2013年、107-118頁。

5）　生活困窮者自立支援法が2013年に成立し、2015年4月の実施に向けて各地でモデル事業が行われている。子どもの学習支援もモデルの1つ（ただし任意事業）。生活保護世帯等の子ども及びその保護者に対して、日常的な生活習慣の獲得、子どもの進学、高校進学者の中退防止等に関する支援を地域事情にあわせて実施する。その先駆的な実践が山科醍醐こどものひろばによる実践である。山科醍醐こどものひろばでは、子どもの貧困対策事業として「通学合宿（ナイトステイ）」を行っている。宿泊可能な法人施設を利用し、近隣の小学校と連携して、夜、家庭に1人で過ごす小学生たちが平日17時から翌朝の登校まで、学生サポーターたちと過ごすものである。詳しくは、山科醍醐こどものひろば編『貧困とひとりぼっちのないまち』かもがわ出版、2013年を参照されたい。

6）　さしあたり、松本伊智朗編著『子ども虐待と貧困――「忘れられた子ども」のいない社会をめざして――』明石書店、2010年を参照されたい。

7）　同様の主張には、実方前掲論文80-83頁。および、阿部前掲書（注2）、163頁。

8）　原田と坂野は「保育ソーシャルワーカーの原則」について考察している。原田明美・坂野早奈美「保育ソーシャルワークの必要性と原則」『あいち保育研究所　研究紀要』第3号、2013年、66-76頁。

第14章
保育カウンセリングと保育ソーシャルワーク

はじめに

　保育現場では保育士が多くの業務の中で子どもへの保育を行っているが、近年、発達障害など通常の保育活動以外にも特別な配慮が必要な子どもへの対応をどうするかが課題となっている。この問題への対応として、自治体の中には巡回保育相談を実施して、保育士へのコンサルテーションや保護者への助言等を実施しているところも少なくない。これらの活動は子育て支援事業として位置づけられる面もあるが、専門領域からいえば、保育ソーシャルワークであったり、保育カウンセリングであったりする。資格でいえば、医師や保健師、保育士や幼稚園教諭、精神保健福祉士、臨床心理士、臨床発達心理士など多くの人々が関わる現状にある。医学や養護保健、保育、幼児教育、福祉、心理という多様な専門性をもつ人々がチームを組んで実施しているといえる。
　本章では、保育ソーシャルワークという大きな概念の中で、保育カウンセリングを取り上げ、両者の概念上の比較を行った上で、保育カウンセリングを取り巻く日本の現状と、いくつかの自治体における実践報告をまとめ、今後の保育カウンセリングがとるべき方向性について考えてみたい。

1　「保育ソーシャルワーク」と「保育カウンセリング」の関係

　保育ソーシャルワークという概念は比較的新しいものであり、これを明確に定義している文献はそれほど多くはない。その中でも鶴宏史は「保育ソーシャルワークとは、保育所における援助活動を社会福祉援助実践から捉えたもの、あるいは子ども家庭福祉実践から捉えたもの」と定義し、生態学的視点（エコロジカル・パースペクティブ）に基づいて、子どもの生活、保育所の役割・機能、

保育士の役割を捉え直すことが求められるとした[1]。また、橋本好市は、保育ソーシャルワークを「生活上の困難を抱える子どものみならず、子どもの抱える困難という現象そのもの、保護者・家庭・その家庭が存在する地域社会をも対象としてとらえ、対象者の生活の全体性から環境との相互作用に焦点を当て、社会関係の調整と生活改善を図ることを目的とした取り組み」であると述べている[2]。さらに伊藤良高は、保育ソーシャルワークに関する日本の現状について、「特別な配慮を要する子育て家庭の増加等、保護者支援・子育て支援は、内容や程度の違いこそあれ、保育施設・保育者全般に共通する課題となっており、保育ソーシャルワークが必要とされる対象・領域も広がりを見せている。その意味で、保育、教育、社会福祉の諸側面からトータルにとらえられる必要がある」と指摘している[3]。このように、保育ソーシャルワークという概念は、非常に幅広い概念であって、子どもを取り巻く社会の変化にともなって、保育士に求められるプラスアルファの活動内容を指しているといえる。

　次に保育カウンセリングに関する議論に触れていく。まず杉原一昭は、保育カウンセリングを「乳幼児の発達上の問題解決と発達促進に関わる援助的なはたらきかけである」と定義している[4]。また、富田久枝は、保育カウンセリングを「『保育』という乳幼児期の発達を促進し、援助する営みの中で行われるカウンセリングの総称」と定義し、「養護」的関わりや援助的・治療的カウンセリングと教育的・開発的カウンセリングの2つの方向性を併せもつものと指摘している[5]。保育カウンセリングと類似概念として、吉弘淳一は、「保育ソーシャルカウンセリング」を「子どもの命と限りない成長・発達への潜在的可能性に共感し、導き、支える援助活動を根幹にとらえ、子どもの生活を守り、保護者、家族に対する様々な心理・社会福祉的諸活動を行う。またその生活を保障し、広く地域を巻き込む総合的な変革を図る援助活動である」と定義している[6]。

　これらの議論を踏まえると、保育ソーシャルワーク、保育カウンセリングという相互の専門的概念は、互いに入り組みあって、論者によっては両者が区別されないものと認識されているようである。この点について下坂剛は、「保育ソーシャルワークが、いわゆる家庭生活をも視野に入れた包括的な子どもへの援助を表すとすれば、カウンセリングはそこに含まれる対人援助技法の1つ」であるとし、「保育現場でカウンセリング的対応が十分に実践されるためには、保育者を心身ともに"ゆとりある保育者"たらしめる職場環境の整備が必要」と述べた[7]。つまり、保育におけるカウンセリングは、保育ソーシャルワークと

部分的な重なりは見せながらも、子どもや保護者の心理的な支援に重点を置いた捉え方であるといえる。また保育現場でのカウンセリングは、実際には子育て支援とかなり近いものとなる。園児の登園時やお迎えのとき、保護者とのちょっとした会話の中に育児の相談が入ってくる。また、気になる子どもである場合には、保育士の方から積極的に保護者から情報収集する必要もでてくるだろう。なお、カウンセリングの用語としてコンサルテーションがあるが、経験の浅い同僚保育士に助言するのも保育カウンセリングの重要な要素である。

2　保育現場の待遇面の現状

　保育カウンセリングは１つの対人援助技法であり、保育士が身につけることで質の高い保育実践につながる。しかしながら、実際の保育現場では給与面をはじめとして労働条件が厳しいという声が少なくない。労働条件については様々な指標があるが、ここでは特に賃金を取り上げる。賃金の差はそこに働く人々のモチベーションに直結するし、その職種の社会的評価の指標としても分かりやすいからである。

　表14-1は2016年度発表の厚生労働省による資料にもとづき、保育士や幼稚園教諭、ホームヘルパーや福祉施設介護職員の年齢、勤続年数、１カ月分の給与額のそれぞれの平均を表したものである[8]。全産業と比較すると、４職種すべてで平均年齢が下回り、勤続年数が短く、給与に至っては10万円近く低い現状がみてとれる。この傾向は2013年から全く変わっていない。特に保育士や幼稚園教諭は平均年齢が低く、職員が若い世代に多いために、全体として給与平均が下がっている一因もあろうが、これらの保育に係る職種における賃金の低さは明らかである。このような現状にあって、保育現場の専門職員は、保育カウンセリングの資質を身につけ、保育の質を上げるよう求められていることに留意する必要がある。

　また、こうした現状は日本に限られることではなく、諸外国でも相対的に保育専門職の労働条件は厳しい。例えば、ケイガン（Kagan,S.L.）とリグビー（Rigby,E.）は2003年に、アメリカの乳幼児専門の専門職は平均年収で１万6980ドル（日本円で約173万円）にすぎず、離職率も年に36％前後だと指摘している[9]。2011年のOECDの保育白書でも「多くの国で、チャイルドケア職員は養成も不十分で、最低賃金レベル程度の賃金しか支払われていない」とし、イギリスの小学校教

表14-1　保育士、幼稚園教諭の平均年齢、勤続年数、および平均賃金

	平均年齢	勤続年数	所定内給与（1か月分）
全産業	42.2歳	11.9年	30万4千円
保育士	36.0歳	7.7年	21万6千円
幼稚園教諭	33.0歳	7.7年	22万6千円
ホームヘルパー	46.6歳	6.3年	21万3千円
福祉施設介護職員	40.5歳	6.3年	21万5千円

資料：厚生労働省「平成28年賃金構造基本統計調査」より作成。

師が平均年収2万2662ポンド（約389万円）であるのに対し、チャイルドケア従事者が7831ポンド（約135万円）である現状を例として挙げている[10]。日本でも、文部科学省の資料によれば[11]、2016年のデータで幼稚園教諭の給与月額の平均（9月分）は約22万円であるのに対し、小・中・高の学校教員は34万円から36万円程度である。このように、保育者は教師を含む全産業と比較しても、給与面で低い現状にあることは留意すべきである。

　もちろん保育者養成が不十分であれば給与水準が低くなりやすい面もあるかもしれないが、それにしても保育専門職の社会的評価は高くないと考えられる。問題は養成を十分にすること、例えば保育カウンセリングのような専門的知識や技術をさらに身につけ、保育の質を高めるようなカリキュラムを構築することによって、保育者の社会的評価や労働条件などの待遇が改善するかという点である。これはおそらく単純に改善するとはいえないのではないか。

　ここまで給与面の問題について指摘してきた。もちろん保育者の多くは給与面だけでなく、子どもの育ちに携わる仕事に意義を感じている人々も少なくないだろうし、職業の価値は給与だけで測れるとはいわない。また、学校教師を取り巻く社会的状況はかなり厳しく、何かの事件がある度にマスコミによる教師批判が強く行われる。学校教師の給与水準は全産業と比べても大きな違いがなくとも社会的な注目度は高く、それだけプレッシャーも強い。しかしながらその点を考慮しても、同じ子どもの教育や保育に携わる保育者が、学校教師と比較してこのように差をつけられている現状は、見過ごされるべきではない。

　最近になって政府の産業競争力会議の雇用・人材分科会では、民間議員の考えとして、不足する保育士の確保のため「准保育士」制度の提案がなされたが[12]、保育関係者の間にも保育サービスを低下させる動きであるという警戒感が

広がっている。実際、現場の保育者は保育の質を高めたいと思っても、低待遇から就業を続けられず離職することが多い。また、保育、福祉およびカウンセリングといった対人支援を行う分野は、いずれも社会的立場が低いことが共通する。保育領域においても、子育ての専門家としての保育士が、給与面の改善を含め、社会的に尊重されるシステムを作ることが強く望まれる。

3　保育現場におけるカウンセラーの導入

まずは保育現場のマンパワーを増やす意味で、保育カウンセラーなどの専門職を保育現場に導入する取り組みについて考えてみたい。日本では2004年に中教審幼児教育部会の第13回会議において、幼稚園教育での保育カウンセラーの必要性について議論されているが、今なお制度として保育カウンセリングが保育現場で浸透したとはいいがたい現状にある。図14-1は上記の会議資料であり、保育カウンセラーの専門性について、従来のスクールカウンセラーとの比較という形で保育カウンセラーの役割について整理したものである。保育カウンセラーを保育現場で実現するため、まずは役割の明確化に力を入れている。このうち「求められる専門性」の質をどう担保するかは重要な問題であろう。一方、国の制度化は実現しない中で、地方自治体には保育現場に専門的知識をもつ保育カウンセラーを派遣する取り組みを行うところが見受けられる。

坂上頼子が紹介するように、東京都日野市の保育カウンセラー事業は、2004年の文部科学省研究事業を発端として始まった取り組みである。臨床心理士やその他の専門家による保育カウンセラーは、月1回程度の勤務で公立・私立幼稚園にそれぞれ1名が派遣される。保育時間中の観察、個別相談、保護者を対象にした活動、保育カンファレンス、地域の子育て支援の5本柱の活動をしている。これは幼稚園のみの事業であるため、保育所では巡回相談で代わりの対応としている。また竹中美香の報告では、大阪府私立幼稚園連盟は2003年からキンダーカウンセリング事業を行っている。月1回以上の活動とし、臨床心理士やその他の専門家から構成されるカウンセラーの役割は、保護者支援、保育者支援、子ども支援、発達支援を主な活動内容としている。また、福井県健康福祉部子ども家庭課の報告では、2010年度から保育カウンセラー事業を開始し、臨床心理士・その他の専門家による15人の保育カウンセラーが、保育所や幼稚園に訪問支援を行っており、役割は、子どもの行動観察、ケース会議への

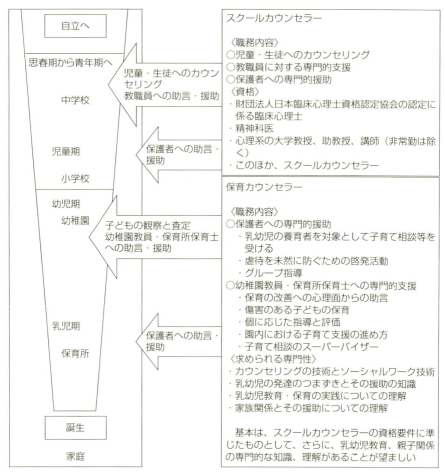

図14-1　保育カウンセラーの専門性

出典：文部科学省。

参加・助言を行うことである。[16)] また各園に特別支援担当者を置き、気になる子どもの支援を継続的に行える体制を作っている。

　このように複数の自治体が保育所や幼稚園において、保育に関するカウンセラーを配置する取り組みが行われている。日野市や大阪府私立幼稚園連盟の取り組みはカウンセラーを月数回で派遣する形で、小中学校のスクールカウンセラー事業に準じる体制をとっているが、福井県の取り組みは少し進んで、保育

現場での特別支援担当者との連携体制をつくり、より継続的な支援のあり方を模索している。これらのカウンセラーとして採用されるのは多くが臨床心理士であるが、先に述べた保育カウンセラーに「求められる専門性」をどのように担保するのかは、地方自治体レベルでは難しい問題ではないだろうか。今後、国家資格として認定される公認心理師[17]においては、医療系のカリキュラムが重視されているが、保育現場でのこうしたニーズにも対応できるような「子育て支援」などの内容も実践の現場では必要となるだろう。

4　保育カウンセリングとスキルアップ

　全国私立保育園連盟は、1993年から保育カウンセラーの認定制度を設けており、4泊5日の合宿型研修に参加することで初級、中級、上級とステップアップする仕組みとなっている[18]。2014年度の保育カウンセラー養成講座の内容によれば、保育カウンセリングの理論やコミュニケーションのスキル、保育ソーシャルワークが中心であり、内容も多岐に渡る。この資格は、現場でカウンセリングマインドをもった保育者として業務にあたることが期待されている。資格取得者は所属の保育所等で、研修活動を行うことが期待されており、いわば保育者の資質向上を目指したものといえるだろう。
　保育者は専門職であるがゆえに、社会のあり方の変化にともなって、カウンセリングマインドをはじめとして、様々な資質を高めていくことが求められる。また、特に私立の施設で働く保育者は待遇が低いことが多く、なかなか自らの保育者としてのスキルを上げることに意欲をもてない人も少なくないだろう。しかしながら、特に保育カウンセリングに関していえば、これは人間関係をスムーズにする方法を学ぶことであり、決して保育者にとって苦しいだけのものでない。もちろんこれを学ぶのは子どもや保護者の支援のためであるが、同時に自分自身の人間関係のとり方にも大きなプラスとなる。また、カウンセリングマインドを身につけた同僚同士が働くと、職場の雰囲気もよくなる。
　保育者のメンタルヘルスを維持することは重要である。しかし、それと同時に、それぞれの保育者が保育のスキルを高めたいと意欲を燃やせる雰囲気づくりも重要である。そのためには、なるべく失敗をしないような仕事ぶりではなく、少々失敗したとしても試行錯誤で今後に生かすという前向きな仕事ぶりが評価されるような職場づくりを、特に保育現場の管理者に望みたい。

さて、保育カウンセリングの内容はどうなっているのだろうか。保育カウンセリングの理論は、市原学がまとめているように、精神分析、自己理論、行動療法[19]、また、楯誠がまとめているように、発達の基礎理論、愛着理論[20]、さらに鈴木公基によれば、家族療法、芸術療法、遊戯療法、現実療法、ブリーフセラピー[21]と幅広い範囲におよぶ。フロイトによる精神分析は力動的に心の構造をつかむ発想に優れているし、ロジャースによる自己理論は自己受容の重要性が理解でき、スキナーらによる行動療法は恐怖症に効果を発揮するなど、それぞれカウンセリング理論の柱ともいえるものなので、その概要は理解しておきたい。また、エリクソンなどの発達理論、ボウルビィによる愛着理論は乳幼児を理解する上で必須の知見が多い。具体的な技法として夫婦関係なども扱う家族療法と、描画法を中心とする芸術療法、遊びの中で子どものコミュニケーションをとろうとする遊戯療法は特に重要度が高い。こうした構成になっているのは、保育カウンセリングが子どもの問題を中心に据えて、保護者や周囲の大人と連携を図ることを目的としているからである。保育カウンセリングは、幅広い理論を土台にし、実際の保育現場に合わせた柔軟な適用が望ましい。

おわりに

最後に、保育カウンセリングに関心をもつ保育者へのメッセージを述べたい。まず、保育カウンセリングを実践する場合には、数多い理論などすべての知識を習得できなければならないと思わない方がよい。むしろそれぞれの理論や技法について自分が気に入るものを選ぶことからはじめてもよい。ただし、目の前の子どもや保護者を支援するときに、1つの理論や技法では対応できないときがあり、そうした場合に勉強し直し、役立ちそうなものを選んで実践してみる。その積み重ねで、様々な理論や技法が身についていく。保育者を取り巻く現状は依然厳しいが、自らの専門性に誇りをもち、前向きな気持ちで保育カウンセリングをはじめとするスキルを身につけていってほしい。

國分は教師のストレス対策の必要性と方法について述べているが[22]、保育者が「バーンアウト（燃え尽き症候群）」にならないことが、保育カウンセリングの前提条件として重要な課題である。保育者を養成する立場においても、現場の保育者の厳しい立場を考慮しつつ、まずは保育者自身のメンタルヘルスの向上こそが、よい保育カウンセリングの実践につながると考えたい。保育カウンセリ

ングは、保育者が保育サービスの質的向上を図るための重要なスキルである。保育者としての成長を実感しながら前を向いて学び続けてほしい。

注
1） 鶴宏史『保育ソーシャルワーク論——社会福祉専門職としてのアイデンティティ——』あいり出版、2009年、54頁。
2） 橋本好市「保育とソーシャルワーク」、橋本好市・直島正樹編『保育実践に求められるソーシャルワーク——子どもと保護者のための相談援助・保育相談支援——』ミネルヴァ書房、2012年、15頁。
3） 伊藤良高「保育ソーシャルワークの基礎理論」、伊藤良高・永野典詞・中谷彪編『保育ソーシャルワークのフロンティア』晃洋書房、2011年、12頁。
4） 杉原一昭「保育カウンセリングとは」、富田久枝・杉原一昭編『保育カウンセリングへの招待』北大路書房、2007年、1頁。
5） 富田久枝「保育とカウンセリング」、富田久枝編『保育カウンセリングの原理』ナカニシヤ出版、2009年、9頁。
6） 吉弘淳一「保育ソーシャルカウンセリング」、横井一之・吉弘淳一編『保育ソーシャルカウンセリング』建帛社、2004年、8頁。
7） 下坂剛「保育ソーシャルワークとカウンセリング」、伊藤・永野・中谷編前掲書38頁。
8） 厚生労働省「平成28年賃金構造基本統計調査」2016年。
9） Kagan, S. L. and Rigby, E., *Policy Matters: Improving the Readiness of Children for School: Recommendations for State Policy*, Washington, DC: Center for the Study of Social Policy, 2003.
10） OECD編『OECD保育白書——人生の始まりこそ力強く：乳幼児期の教育とケア（ECEC）の国際比較——』明石書店、2011年、196頁。
11） 文部科学省「学校教員基本調査」2016年。
12） 産業競争力会議「成長戦略としての女性の活躍推進について」雇用・人材分科会第7回会議、2014年3月14日、資料1。
13） 文部科学省「保育カウンセラーの専門性」中央教育審議会初等中等教育分科会幼児教育部会第13回会議資料、2004年。
14） 坂上頼子「報告　日野市保育カウンセラーの活動の実際」『子育て支援と心理臨床』第4巻、福村出版、2011年、54-58頁。
15） 竹中美香「幼稚園におけるキンダーカウンセラーの役割に関する一考察」『東大阪大学・東大阪大学短期大学部教育研究紀要』第4巻、2007年、87-90頁。
16） 福井県健康福祉部子ども家庭課「福井県版保育カウンセラーによる子どもの育ちの支援」『子育て支援と心理臨床』第5巻、福村出版、2012年、104-107頁。

17） 2017年9月15日に公認心理師法が施行され、2018年に第1回の資格認定試験が実施される。
18） 全国私立保育園連盟HP　http://www.zenshihoren.or.jp/
19） 市原学「カウンセリングの基本理論と保育カウンセリング」、富田編前掲書25-45頁。
20） 楯誠「発達理論と保育カウンセリング」、富田編前掲書45-68頁。
21） 鈴木公基「その他の理論と保育カウンセリング」、富田編前掲書68-105頁。
22） 國分康孝『ポジティブ教師の自己管理術』図書文化社、2004年、68-91頁。

◆コラム1
保育園長から見た保育ソーシャルワーク
――温かな風を吹かせる、地域のオアシスとしての保育園――

保育現場における「カウンセリング」

「保育ソーシャルワーク」は、家庭生活をも視野に入れた包括的な子どもへの援助である一方、「カウンセリング」は、そこに含まれる対人援助技法の1つにすぎない。しかし、保育現場において、保育士等は、「カウンセリング・マインド」（心構え）をもって、「カウンセリング・スキル」（技術）を習得し、保護者や子どもとの対応の際にその心構えと技術を実践していく事が、大変重要である。

保育園に子どもを預けている保護者は、毎日の送迎の際、子どもに関する連絡や伝達、事務的な用事、あるいは子育てや自分自身の悩み・相談等で、保育士等と顔を合わせたり、言葉を交わしたりすることが多い。慌ただしく仕事へ出かける保護者、ゆっくりと子どもと関わりながら仕事へ出かける保護者、様々な課題を抱えながら生活をしている保護者等様々である。保護者にとって送迎の際の保育士等とのかかわりは、ほんのわずかな時間ではあるものの、大変貴重で大切な時間である。

保育士等がかけたほんの一言や、保育士等のほんのささいなかかわりや態度で、保護者の気持ちが一喜一憂し、毎日の生活が、安心して過ごせたり、不安になったりすることもある事を思うと、保育士等は、その時間の重みと重要性をしっかりと心に止めておかなければならない。また、地域の子育て支援においても同様である。

保育士等のカウンセリング・マインド、カウンセリング・スキル、また、保育園全体が醸し出す雰囲気如何によっては、保育園に吹く風が冷たい風や嵐となったり、穏やかな温かい風となったりするのではないだろうか。

保育現場における「スーパービジョン」

2008年3月に改定された厚生労働省「保育所保育指針」において、「保育所の役割の明確化」「保育の質を高める仕組みづくり」等が挙げられ、保育の質及び職員の資質向上に関する園長の責務の1つとして、「職員及び保育所の課題を踏まえた保育所内外の研修を、体系的、計画的に実施するとともに、職員の自己研鑽に対する援助や助言に努めること」と明記している。このことの重要性は、2017年3月に改定された厚生労働省「保育所保育指針」においても強調されているが、園長の職員の資質向上に資する専門性として、ソーシャルワーカーの支援

技術である、スーパービジョンを示唆するものといえる。

保育現場において、園長は、保育士等に対し、園内外の研修を計画したり、保育内容に関する技術的指導を行ったり、また、保護者支援、虐待等に関しても、長年の経験と勘、または断片的な知識により、指導、助言を行っている。さらに、園の保育理念や保育方針・目標等の共有、具体化を行ってはいる。しかし、1人1人の保育士等の直面している問題、課題等を的確に把握し、問題や課題の内容と職員の力量の両方を踏まえ、適切な研修内容や手段を提供し、助言を行うというきめ細かな対応という点においては、まだまだ不十分である。

今日、子どもや保護者等が抱える問題は、複雑化、多様化、深刻化しており、子ども達には、保育園の中でこそ、質の高い生活が必要不可欠である。従って保育士等には、常に質の高い保育、子育て支援が求められるため、緊張や不安を抱えつつも、常に専門性を磨くことを要求され、保育士等はそれに応えようとしている。保育士等の資質向上という成長期待は、園長の資質向上という成長期待と表裏一体であることも忘れてはならない。園長として、ソーシャルワークの重要性と具体的な内容熟知の教育や研修を受け、保育士等と保育現場の現状を共有していくことも必要である。

さらに、保育、子育て支援という、何ものにも代えがたい、たいへんな、そして大切な仕事を、保育園の中だけで済ませるのではなく、様々な専門機関や、地域とのつながりの中で、連携、協働し、保育ソーシャルワークの視点から、その果たすべき役割や専門性を生かすとともに、地域全体を見渡す広い視野と、地域における子ども子育て問題に総合的に取り組んでいくことも必要である。そのためには、保育施設を関係機関に繋ぐことができるコーディネート能力、地域における関係機関のサービスを調整、整備、開発することができるマネジメント能力等も、園長の役割として求められ、その専門性を磨くことが重要である。その土台の上に、保育士等の専門性が開花していくのである。

園風としての「保育スーパービジョン」

それぞれの保育園には、それぞれ醸し出す雰囲気がある。その雰囲気は、園の保育理念、方針、園の環境（施設、園庭、地域性等）、1人1人の保育士等の保護者への言葉かけ、服装、態度等、また、職員同士の関係等様々な要素がある。その雰囲気は、これまで保育園が紡いできた長い歴史によるものでもある。それはまた、園が積み上げてきた、園独自のスーパービジョンともいえる。それが、園風となり、独自の雰囲気を醸し出している。

子どもが、保育園で安心して生活し、楽しく生き生きと活動するためには、また、保護者が、ほっと安心でき、相談や支援を受けたりするためには、保育園の1人1人の保育士等が、自分の仕事に誇りを持ち、安心して、生き生きと仕事ができる、また、常に自己研鑽し続ける環境、園風を整えることが、園長の役割でもある。

　保育士等が質の高い専門性を身に着け、それを実践に生かすための、保育スーパービジョンを体系化、組織化しつつも、園独自の温かな風を送り続け、地域のオアシスとなることも必要不可欠なのではないだろうか。

参 考 文 献

伊藤良高・伊藤美佳子『新版　子どもの幸せと親の幸せ——未来を紡ぐ保育・子育てのエッセンス——』晃洋書房、2017年。

伊藤良高・伊藤美佳子編『乳児保育のフロンティア』晃洋書房、2018年。

伊藤良高・永野典詞・中谷彪編『保育ソーシャルワークのフロンティア』晃洋書房、2011年。

【コラム2】
保育士のソーシャルワーク意識
保育ソーシャルワークの重要性

　現在、日本に於ける少子化、核家族化などの家族形態の変容と共に、社会構造や労働環境の変化は、子どもを取り巻く社会環境を大きく変化させている。地域の子育て力の低下が問題視されている他、現在の核家族社会においては、養育機能の弱体化が懸念されており、育児についての不安や日常的に生じる子育ての迷いなどを相談できる相手が身近にいないことなど、子育て家庭の孤立が問題視されている。このような時代的背景を受け、子育てに対する社会的支援が求められる中、子どもとその保護者を対象とした総合的な支援が必須となっている。地域において保育・教育の専門的な知識や技術を有し、これまで保育の中心的役割を果たしてきた保育所への期待が高まり、その求められる役割がより拡大してきている。保育所は、児童福祉法第39条に示されているとおり、「保育を必要とする乳児・幼児を日々保護者の下から通わせて保育を行うことを目的とする施設」である。これまでの保育所の役割は、乳幼児を養護・教育することを主としてきた家庭養育補完機能の業務であったが、時代的な背景を受け、地域社会においての保育専門施設として保護者への相談・助言及び、地域の子育て支援が新たな役割として期待されている。

　保育所保育指針においても、平成20年に3度目の改訂があり、第1章の「総則」の保育所の役割の中に、「保育所は、入所する子どもを保育するとともに、家庭や地域の様々な社会資源とその連携を図りながら、入所する子どもの保護者に対する支援及び地域の子育て家庭に対する支援等を行う役割を担うものである」という文言が追加されている。このように、保育所は、地域における児童福祉施設としての役割が明確化され、保育士は、子どもへの支援に加えて、2つの保護者支援（保育所利用者・地域の子育て家庭）の役割が求められることとなった。これは、ケアワークが中心であった保育士の職務が、相談・助言・情報の発信といったソーシャルワーク的な機能も必要とされるようになったことを意味している。2008年発表の保育所保育指針解説書では、「保育所においては、子育てなどに関する相談や助言など、子育て支援のため、保育士や他の専門性を有する職員が相応にソーシャルワーク機能を果たすことも必要となります。その機能は、現状では主として保育士が担うこととなります。ただし、保育所や保育士はソーシャルワークの原理（態度）、知識、技術などの理解を深めた上で、援助を展開することが必要です」と記されるなど、保育士がソーシャルワークの知識や技術を活かして

支援を行っていくことが望まれている。

専門家としての保育士のソーシャルワーク意識

近年、保育士にはソーシャルワーク機能を用いた相談援助や地域の子育て支援が求められるなど、保育士の役割がより拡大してきているといえる。保育ソーシャルワークの知識・技術を基に、子育てに関する相談や助言といった個人への支援に加え、集団を対象としたグループワークや、地域を対象としたコミュニティワークが必要とされている。加えて、医療機関や児童相談所など他機関との連携や協働が求められてきている。つまりは、個人・集団・地域社会に対しての働きかけが必須となっており、保育ソーシャルワークを活かして、ミクロレベルの実践に加え、メゾ、マクロレベルへと拡大した視点を持ち、実践していくことが重要視されている。このことからも、保育士の専門職としての使命と責任が拡大している傾向にあるといえるだろう。

そもそも、ソーシャルワーク専門職のグローバル定義（2014年 IFSW 及び IASSW のメルボルン総会にて採択）としては、「ソーシャルワークは、社会変革と社会開発、社会的結束、および人々のエンパワメントと解放を促進する、実践に基づいた専門職であり学問である。社会正義、人権、集団的責任、および多様性尊重の諸原理は、ソーシャルワークの中核をなす。ソーシャルワークの理論、社会科学、人文学、および地域・民族固有の知を基盤として、ソーシャルワークは、生活課題に取り組みウェルビーイングを高めるよう、人々やさまざまな構造に働きかける」と示されている。一方、保育ソーシャルワークの定義としては、伊藤良高らは、「保育ソーシャルワークとは、子どもと保護者の幸福のトータルな保障に向けて、そのフィールドとなる保育実践及び保護者支援・子育て支援にソーシャルワークの知識と技術・技能を応用しようとしているものであるといえるであろう」[1]としている。つまり、保育士は、保育ソーシャルワークを基に、子どもと保護者にとっての幸福の実現を目指す専門職者といえるであろう。

教育・保育・社会福祉分野の全般に当てはまる事だが、時代や社会により、専門職として求められるものが変化しうるものであるため、その時々に合った専門職としての意識が問われてくると考えられる。時代に求められる専門職としての専門性や意識を形成していく上では、上記に示されているように、幸福のビジョンや子どもの最善の利益といった考えが大きく関わっているといえるだろう。子どもと保護者の幸福の実現に向けて、どのように働きかけていく必要があるのか、専門職者の共通の理念が必要となる。時代の要請を受けて、様々な専門家が

人々にとってより善い生活を求めて、「専門能力の限界」[2]に挑戦しながら取り組んでいる。保育士は、これまでソーシャルワークを中心的に担っている専門職ではなかったため、今後ソーシャルワークを実践し、定着していくには、多くの課題が考えられる。しかし、現在は保育ソーシャルワークの機能を活かした支援が必須となっており、ソーシャルワーク意識を伴った保育士という新たな専門家像が求められているといえる。時代の変化に対応できる専門職者であり続けるためにも、常に保育士自身が学び続ける姿勢が必要といえる。多くの情報が溢れる中で、様々な社会変化やその時々の子どもや保護者の姿に合わせて保育や支援が展開できる力量を備えていなければならない。

日々の保育や支援内容を振り返りながら、子ども・保護者の反応や、同僚との学びあいを通して、その時々に必要な保育や支援内容を選択し、次に活かしていく。常に、専門職者として学ぶ努力を自ら課し、その限界を見出す上でも、ドナルド・ショーンが提示した「反省的実践家」[3]である事が重要となってくるのではないだろうか。専門家が技術的に熟達し、自分にとってやりやすい、なじみある保育や支援内容を展開することは、比較的容易に行えることであるが、常により良い保育や支援を求め、自分の新たな能力に挑戦しながら、日々の職務に向き合うことは、同時に苦悩を感じることも多いのかもしれない。しかし、反省的実践家としての保育士であり続けることで得ることができる新たな気付きは、保育ソーシャルワークという新たな専門性の定着をはじめとした、保育士の専門性の向上に欠かせないものになると考える。

注
1） 伊藤良高・永野典詞・中谷彪編『保育ソーシャルワークのフロンティア』晃洋書房、2011年、13頁。
2） ドナルド・ショーン、佐藤学・秋田喜代美訳『専門家の知恵――反省的実践家は行為しながら考える――』ゆみる出版、2001年。
3） 同上。

コラム3
保育者の専門性と保育ソーシャルワーク

社会的背景

内閣府によると2013（平成25）年の日本の高齢化率は25.1%に達し国民の4人に1人が高齢者であると報告された。また、2012（平成24）年の合計特殊出生率は1.41（厚生労働省2013年月5日発表）と人口維持に必要な2.08を大きく下回っている。このような少子高齢社会と人口減少の様相は今後も歯止めがきかず、一説によると、今からこの状況を改善するには、1人の女性が6人の子どもの出産が必要であるともいわれている。このように少子化と高齢化の課題はややもすると、それぞれ独立した課題であると認識されがちであるが、実は一体化した課題でもあるという認識を持つ必要があるといえる。このような状況において未来の日本を担う子ども、それも人格の基盤が形成される幼少期の健全な発達を支援する保育者の担う役割、社会的使命はますます大きく広がりのあるものとなるだろう。それは保育者の専門性と大きく関連することでもあろう。また後述するが、少子高齢社会をより積極的に捉える思想と実践が保育者の専門性及び保育ソーシャルワークに関連することをさしあたりここでふれておく。

保育者の専門性

では保育者の専門性とは何か。このテーマは多くの保育実践者や研究者、また様々な関係者（機関）等によって多岐に渡る議論がなされて来たであろう。我々はその英知を継承し、現在の保育の専門性が確立されているという歴史性についても謙虚に受け止める必要があろう。香曽我部琢は保育の専門性の議論をとりまとめたところ、それは大きく4つの領域①「保育者の本質（保育とは？、保育者に求められる倫理等）」②「保育者個人に求められる専門性（保育課程・保育内容への理解等）」③「保育者集団の中で求められる専門性（カンファレンス、ティーム保育等）」④「現代社会が保育者に求める専門性（子育て支援、多文化共生、特別支援等）」に大別することができるとまとめている[1]。これら4領域はそれぞれが重要な意味を持つものであり、またそれぞれの領域のどれもが抜け落ちてしまってはならない相互に補完しあう関係であることはいうまでもない。その意味からも保育者の専門性は包括的な知見に立脚した「実践科学」「応用科学」「理論科学」として体系化された学問領域であることが今後の学際的な議論においても、踏まえられるべき認識であろう。

そしてその中心には、本学会においても重視する「子どもの最善の利益の尊重」

という思想が存在しており、これは保育関係者の共通の認識であり、ブレることのないものでもあるといえるだろう。

保育ソーシャルワークの立場

上述した保育者の専門性を踏まえつつ、保育ソーシャルワークという新しい概念・実践モデルが、どう関与するものであるのか考えることとする。保育ソーシャルワークは、子どもを取りまく様々な環境（地域社会、家族関係をも含む）自体に働きかけることで、側面的に子どもの最善の利益を尊重する状況を具現化する包括的な実践であり理論枠組みを指すものであろう。その意義は多様化する社会の中で生じる子どもの不利益となる状況（貧困や虐待、保護者自身が抱える諸問題等）を適切に見極め、効果的な介入を通しアプローチするところにあるのではないか。その際、伝統的な治療モデルによる介入よりも、生活（エコロジカル）モデルに立脚したポジティブなアシストを通して、クライエントのストレングスに着目し、エンパワメントを図ることを目指すべきであろう。

例えば幼少期にある子どもは自身の思いを伝える力が成熟しておらず、言葉による適切な表現を求めることは酷であろう。しかし、子どもが直面している生活状況が本人にとって不快なものであれば、それは様々な形で表現されるであろう。その些細な変化への「気づき」こそ保育者の専門性であり、その保育者の気づきは子どもの環境変容を目指す保育ソーシャルワークへの「つなぎ」として機能するものと言える。では、それは保育者の専門性の一貫・範疇として対応すべきなのか。もしくは、新たに保育ソーシャルワーカーを配置し対応するものなのか。また保育者の所属する機関において展開されるべきなのか。もしくは機関外の組織・団体との協力・連携によるものであるべきなのか。そのあり方は今後、議論が深まる中で一定の見解が示されるものと考えられる。しかしどのような形であったとしても、基本条件として、解決すべき問題へのアプローチには柔軟且つ迅速な機動力が担保されることが必須であることはいうまでもないだろう。それは子どもの健全な発達を保障するためにも、おさえておくべき条件であろう。

少子高齢社会を積極的に捉える実践が必要

これまで、保育者の専門性と保育ソーシャルワークとの関連について言及してきたが、子どもらが生きるこの社会は、先にもふれたように少子高齢社会の様相を呈している。この現状を、より積極的に捉えた保育及び保育ソーシャルワークを考えるにあたり、1つの切り口として高齢者と子どもの積極的なつながりを実

現することに見出せないだろうか。広井良典は新たなコミュニティの形成に向けては、今まで自然にあった高齢者と子どもの関わり合いを再構築すべきであり、そのためには意図的な仕掛けが必要であると論じている[2]。何故なら高齢者と子どもは深い次元でつながり合っている存在であり、実はそのことが、人間の創造性や文化の源泉と成り得ると考えることができるからである。このような視点に立つと、保育ソーシャルワークは、今ある社会の枠組み（少子高齢社会）の中で、高齢者と子どもの日常的な関わり合いを意図的に仕掛けることで、意味のあるコミュニティの創造を実現することができるのではないか。また子どもを取りまく様々な環境に働きかけ、子どもの最善の利益を尊重する状況を具現化する社会的ミッションに関連するものと考えることができる。それは先にふれた、保育者の社会から求められている専門性でもあるといえるだろう。

　このような視点を踏まえると、保育ソーシャルワークは目の前に在る問題や課題解決を限定的に捉えることで、その専門性が確立されていく側面がある一方で、広く社会に働きかける機能を有していることの認識も重要であり、そのことは保育ソーシャルワークに携わる者にとっての醍醐味でもあるのではないだろうか。

注
1）　香曽我部琢「保育者の専門性を捉えるパラダイムシフトがもたらした問題」『東北大学大学院教育学研究科研究年報』第59集第2号、2011年、53-68頁。
2）　広井良典編著『老人と子ども統合ケア――新しい高齢者ケアの姿を求めて――』中央法規出版、2000年、2-19頁。

コラム4
幼児期の教育と保育ソーシャルワーク
幼稚園教育要領から考える保育ソーシャルワークの役割

　この世に生を受け、まだ数年である幼児は、今後の周囲の環境で大いに成長していき、その可能性は未知である。

　幼稚園教育要領の中で、幼児期における教育は、生涯にわたる人格形成を培う重要な時期であると述べられていることからもわかる通り、幼児期の教育は、大変重要であると言える。このような重要な時期に、保育ソーシャルワークはどのような役割を担うべきなのだろうか。

　学校教育におけるスクールソーシャルワークについては近年、知る人も増えているだろう。文部科学省によるスクールソーシャルワーカーの活用報告書によれば、「スクールソーシャルワーカーは、問題解決の代行者ではなく、児童生徒の可能性を引き出し、自らの力によって解決できるような条件づくりに参加するスタイルをとる」としている。幼児期の教育における保育ソーシャルワークでも同様に、幼児がその後の人生を豊かに過ごすことができるよう、幼児の可能性を引き出し、自らの力で解決できる手助けをすることが1つの役割になるのではないだろうか。

　幼稚園教育要領を見てみると、領域「人間関係」の中で自らの力で解決することについて顕著に記されている。以下、領域「人間関係」の内容の取扱いの中で自らの力で解決することが表れているものについて具体的に記述をする。

　「教師との信頼関係に支えられて自分自身の生活を確立していくことが人と関わる基盤となることを考慮し、幼児が自ら周囲に働き掛けることにより多様な感情を体験し、試行錯誤しながら諦めずにやり遂げる達成感や、前向きな見通しをもって自分の力で行うことの充実感を味わうことができるよう、幼児の行動を見守りながら適切な援助を行うようにすること」、「1人1人を生かした集団を形成しながら人と関わる力を育てていくようにすること。その際、集団生活の中で、幼児が自己を発揮し、教師や他の幼児に認められる体験をし、自分のよさや特徴に気付き、自信をもって行動できるようにすること」、「幼児が互いに関わりを深め、協同して遊ぶようになるため、自ら行動する力を育てるようにするとともに、他の幼児と試行錯誤しながら活動を展開する楽しさや共通の目的が実現する喜びを味わうことができるようにすること」、「集団の生活を通して、幼児が人との関わりを深め、規範意識の芽生えが培われることを考慮し、幼児が教師との信頼関係に支えられて自己を発揮する中で、互いに思いを主張し、折り合いを付け

る体験をし、きまりの必要性などに気付き、自分の気持ちを調整する力が育つようにすること」[2]。

そもそも人は生まれながらにして、周囲の環境に対して自分から能動的に働き掛ける力をもっていると言われている。しかしながら、周囲の環境からの刺激が無ければ、その力は発揮されないだろう。このことから、幼児期の教育における保育ソーシャルワークの役割を考えることができるのではないだろうか。

幼児期の教育における保護者支援

幼児期の教育では保育者（教師）と幼児との信頼関係が欠かせないものである。その幼児と保育者との信頼関係を築くためには保護者との関わりも欠かせないものになるだろう。

保護者支援について、幼稚園教育要領を見ると、「家庭との緊密な連携を図るようにすること。その際、情報交換の機会を設けたりするなど、保護者が、幼稚園と共に幼児を育てるという意識が高まるようにすること」と記されている。また、「幼稚園の運営に当たっては、―中略―保護者同士の交流の機会を提供したりするなど、幼稚園と家庭が一体となって幼児と関わる取組を進め、地域における幼児期の教育のセンターとしての役割を果たすよう努めるものとする」と述べられている。

例えば、おおむね2歳頃には自我が芽生え、それに伴い自己主張が強くなる時期だと言われている。何をするにしても「嫌だ、嫌だ」と駄々をこねている我が子に対して、幼児への理解が乏しければ、「いつもいつも、わがままを言って……」と苛立ちを募らせるかもしれない。しかし、保護者同士の交流を通して、幼児への理解があれば、成長過程の1つとしてそれを捉え、我が子の様子を温かく見守ることができるのではないだろうか。

幼児期の教育の中での保護者支援とは、保護者自身が保育へ参加をし、幼児同士が遊んでいる様子を見ることや、保育者が幼児とどのような関わりを持っているのかを観察することで、幼児理解、幼児期の教育への理解を深めることを促していくことが必要なのだと考える。さらに、その効果を高めるには我が子以外のところに加わる方がよいとの指摘もされている[5]。

このことから、幼児期の教育における保護者支援に対しての保育ソーシャルワークの役割は、保護者が幼児期の教育に関する理解を深めるために、保育に参加することで、家庭との連携を図り、保護者、親としての成長を促す手助けをすることだと考えることができるのではないだろうか。

保育ソーシャルワークの可能性

前述した内容のほとんどは幼稚園教育要領の中で述べられていることであり、保育者（教師）が幼児期の教育としてすでに実践していることである。

保育所保育指針の中でも保育所の特性を生かした子育て支援として、「保育及び子育てに関する知識や技術など、保育士等の専門性や、子どもが常に存在する環境など、保育所の特性を生かし、保護者が子どもの成長に気付き子育ての喜びを感じられるように努めること」[6]、また、地域の保護者等に対する子育て支援として、「保育所は、─中略─、その行う保育に支障がない限りにおいて、地域の実情や当該保育所の体制等を踏まえ、地域の保護者等に対して、保育所保育の専門性を生かした子育て支援を積極的に行うよう努めること」[7]と述べられている。このことからも、保護者支援は保育者の役割として欠かせないものとなっているのが現状であると考えられる。

今後、保育の専門的な知識や技術を持って保護者支援をしている保育者が、ソーシャルワークの専門的な知識や技術を習得し、その両方を兼ね備えた時、保育ソーシャルワークとしての可能性が大いに広がりを見せるのではないかと期待をしたいと思う。

注
1) 学校等における児童虐待防止に向けた取り組みに関する調査研究協議会「学校等における児童虐待防止に向けた取り組みについて」（報告書） 文部科学省、2006年。
2) 文部科学省『幼稚園教育要領』2017年、13-14頁。
3) 同上、19頁。
4) 同上。
5) 無藤隆・民秋言『ここが変わった！ New 幼稚園教育要領 New 保育所保育指針ガイドブック』フレーベル館、2008年、48頁。
6) 厚生労働省『保育所保育指針』2017年、56頁。
7) 同上、58頁。

参 考 文 献
厚生労働省『保育所保育指針』2017年。
文部科学省『幼稚園教育要領』2017年。

コラム5
スクールソーシャルワーカーと保育ソーシャルワーカー
スクールソーシャルワークの現状

　スクールソーシャルワーカーが日本で本格的に導入されたのは2008年度の文部科学省による「スクールソーシャルワーカー活用事業」である。新規に予算措置された事業におけるスクールソーシャルワーカー（以下、SSWrとする）は「教育と福祉の両面に関して、専門的な知識・技術を有するとともに、過去に教育や福祉の分野において、活動経験の実績等がある者」とされており、近年増加する児童生徒の問題行動等の背景には、置かれている様々な環境の問題が複雑に絡み合っているからであるとされ、そのために、SSWrは、児童生徒の不登校、いじめ、暴力行為、虐待をはじめ、家庭、友人、地域への働きかけと、児童生徒が通う学校および関係機関としての児童相談所や福祉事務所、保健・医療機関等との連携・調整を行う役割を担うとされた。

　だが、2006年文部科学省により刊行された「学校等における児童虐待防止に向けた取組について」（報告書）では、一足先にスクールソーシャルワークの視点と方法が述べられている。

　スクールソーシャルワークでは、職業的価値観である、人間尊重の理念のもとに、問題解決は、児童生徒、あるいは保護者、学校関係者との協働によって図られると考えることが必要であり、SSWrは、問題解決を代行する者ではなく、児童生徒の可能性を引き出し、自らの力によって解決できるような条件作りに参加するというスタンスでなければならないとしている。さらに、問題を個人の病理としてとらえるのではなく、人から社会システム、自然までも含む「環境との不適合状態」としてとらえ、対応については、「個人が不適合状態に対処できるよう力量を高めるように支援する」、あるいは「環境が個人のニーズに応えることができるように調整をする」という、「個人と環境の双方に働きかける」という特徴を有すると明記されていたことは特出すべきである。[1]

　つまり、これまで平然と行われてきた児童生徒に向き合う場面での大人が大人の立場として、知識や経験の浅い子どもに対して教育という名のもとで指示、命令を伴う一方的な指導を行うことへの問題提起である。ソーシャルワークでは、児童生徒のポテンシャルやストレングスを見つけ出し、エンパワメントさせることで、最終的には児童生徒自身が問題解決を行えるように導くということの必要でもある。児童生徒の純粋潔白な意識を信じて、豊かで柔らかな心を呼び戻したいものである。

さらに問題行動等を引き起こす児童生徒自身の内面にばかり目を向けて、その問題点の解決や改善に主眼を置くことでは根本的な解決はあり得ないわけで、そこに前述の家庭、友人、地域などでの関係性の問題が表出される。例えば、友人にいじめられて不登校になっていたのであれば、友人への働きかけや学校への働きかけなども必要となるし、他者へのいじめを繰り返している児童生徒がいたとして、この児童生徒が家庭で家族から虐待されていることによって、その腹いせでいじめを行っていたならば、家庭への働きかけや福祉事務所あるいは場合によっては警察への通報なども必要であろう。つまり、これらの様々な環境の変化によって児童生徒の学校生活が脅かされる可能性が高いわけなのだから、SSWrは、児童生徒と環境との交互作用を意識し、連携、仲介、調整などの機能を活用していく必要がある。この意味でも児童生徒の問題行動への対応は、当事者中心のカウンセリングよりもソーシャルワークによる援助に特化をしていく必要がある。

保育ソーシャルワークの必要に向けて
　小学校に入学して間もない児童の相談がSSWrに多く寄せられている。早期発見・早期介入の動きはSSWr導入の効果の1つであり、「社会的ネグレクト」防止活動が小学校に浸透しはじめていると捉えることもできる。しかし、なぜ、入学間もない児童と家族の相談が多く寄せられるのか。吉賀と平野は、この問題に対して就学時健康診断によって、児童の学校生活と関連する問題や課題を相談することで入学前に必要な援助が行えるはずなのに、未だ中身は、身体的、精神的、知的面での就学適否が中心となっており、生活問題を見つけ出す手立てとして有効活用されていないとしている。そこで就学時健康診断にSSWrが参加することで、児童とその家族の生活課題の早期発見と早期対応が可能となるのではないかとする調査を実施した。

　調査のまとめでは、学校問題の責任を学校や家庭に帰すのではなく、社会的責任として位置づけを明確にし、専門職がチームとなって対応しなければならない。そして、それをサポートする市の教育機関は、社会の変化に応じられる専門職集団としての取り組みが求められる。今回の取り組みは教育とソーシャルワークの橋渡し役であるSSWrが教師とともに「子どもの発達と社会的自立」という同じ目的をもち、入学前に行われる就学時健康診断から協働していく体制を整えていくことである。としているが、課題については、就学時健康診断でSSWrが相談する場をどう確保できるのかということを提起している。

だが、抱える生活問題は、短時間に相談や助言できるものだけではない。さらなる課題として考えるならば、就学時健康診断のみに関わるだけで、生活問題を容易に相談してくるのだろうかと考える。また、この調査では直接児童にどのようなソーシャルワークが行われたのかは言及されていない。児童と家族の生活問題の早期発見と早期介入が効果的であるとすれば、ここに保育段階での関与の必要が提起される。保育ソーシャルワークの必要である。

保育ソーシャルワーカーへの遥かなる期待

伊藤良高らは、「保育ソーシャルワークとは、子どもと保護者の幸福のトータルな保障に向けて、そのフィールドとなる保育実践及び保護者支援・子育て支援にソーシャルワークの知識と技術・技能を応用しようとしているものであるといえるであろう」[4]と定義している。

SSWrはソーシャルワークの専門知識と技術の担い手であるが、児童については、初等教育段階からの援助が中心であり、基礎資格としても社会福祉士または精神保健福祉士または教職経験者などであり、特定されていないが、日本社会福祉士養成校協会が実施するスクール（学校）ソーシャルワーク教育課程認定事業や特定非営利活動法人などが認定資格を付与している現状があるが、いずれもSSWrとしての雇用勤務を約束されるものではない。

保育ソーシャルワークの担い手は誰なのか。まずは、保育学全般の知識と技術を習得している必要があろう。そこにソーシャルワークの専門知識と技術の習得である。基本となる対象は、保育士資格取得者であり、一定の研修や教育システムにより、保育実践に必要なソーシャルワークの知識と技術を習得して、保育ソーシャルワーカー資格を付与されて、保育児童と家族の援助を行うことが最も現実的ではないのだろうか。

資格を前提とした研修講座の企画実施は容易なことではないが、現代社会では子どもを取り巻く環境が深刻化しており、生活問題の早期発見と介入、援助対応の迅速化が急務であり、保育ソーシャルワーカー養成は不可欠な状態といえよう。養成講座が醸成され、資格職の活躍が拡大していくことになれば、やがては保育ソーシャルワーカーとSSWrの有機的な連携協働も生まれ、児童とその家族の福祉が飛躍的に向上していくと考える。

注
1）学校等における児童虐待防止に向けた取り組みに関する調査研究会議「学校等

における児童虐待防止に向けた取り組みについて」（報告書）2006年、文部科学省初等中等教育局児童生徒課。
2) 吉賀成子・平野祥子「子どもの最善の利益を確保する就学時健康診断のあり方――スクールソーシャルワーカーによる学校問題への介入の試み――」『東京家政学院大学紀要』第53号、2013年、1頁。
3) 同上、5頁。
4) 伊藤良高ほか「保育現場に親和性のある保育ソーシャルワークの理論と実践モデルに関する一考察」『熊本学園大学論集　総合科学』第19巻第1号、2012年、4頁。

参 考 文 献

伊藤良高・永野典詞・中谷彪編『保育ソーシャルワークのフロンティア』晃洋書房、2011年。

伊藤良高ほか「保育現場に親和性のある保育ソーシャルワークの理論と実践モデルに関する一考察」『熊本学園大学論集　総合科学』第19巻第1号、2012年。

学校等における児童虐待防止に向けた取り組みに関する調査研究会議「学校等における児童虐待防止に向けた取り組みについて」（報告書）文部科学省初等中等教育局児童生徒課、2006年。

児童生徒の自殺予防に関する調査研究協力者会議「スクールソーシャルワーカー活用事業」文部科学省初等中等教育局児童生徒課、2008年。

吉賀成子・平野祥子「子どもの最善の利益を確保する就学時健康診断のあり方――スクールソーシャルワーカーによる学校問題への介入の試み――」『東京家政学院大学紀要』第53号、2013年。

■コラム6
ひとり親家庭支援としての保育ソーシャルワーク
ひとり親家庭の現状

　母親と児童からなる母子世帯（もしくは母子家庭）と父親と児童からなる父子世帯（もしくは父子家庭）を総称して「ひとり親家庭」という。「平成23年度全国母子世帯等調査」（以下「母子世帯等調査」という）によると、母子世帯は約124万世帯、父子世帯は約22万世帯であり、ひとり親家庭は決して特別な家庭の形態ではないことは、多くの国民が実感していることだろう。なお母子世帯になった理由は、離婚が約8割、死別は約1割、父子世帯になった理由は、離婚が約7割、死別が約2割となっており、いずれも死別が少なくなり離婚がその多くを占めるようになってきた。

　ひとり親家庭は、様々な悩みや困難を抱え生活をしているといわれている。まずひとり親家庭の多くが直面するのが経済的困難とそれに伴う生活苦である。母子世帯等調査によると、母子世帯の母自身の平均年収は223万円（うち就労収入は181万円）、父自身の平均年収は380万円（うち就労収入は360万円）となっており、児童のいる世帯の平均所得と比較すると、母子世帯は約44%、父子世帯は69%程度と大変低い水準にとどまっている。

　平成23年に労働政策研究・研修機構が実施した「子どものいる世帯の生活状況および保護者の就業に関する調査」によると「過去の1年間、お金が足りなくて、家族が必要とする食料または衣料を買えないこと」の有無について、ふたり親世帯の7.5%、父子世帯の9.5%、母子世帯の15.3%は「よく」または「ときどき」食料を買えなかったと回答している。また、「よく」または「ときどき」衣料を買えなかった世帯の割合は、ふたり親世帯9.7%、父子世帯9.6%、母子世帯21.2%となっており、ギリギリの生活を強いられている世帯も少なくない。この数年で急速に「子どもの貧困」が社会問題として認識されるようになり法的な整備も進みつつあるが、子どもが育つ家庭の経済的困窮は将来にわたり様々な負の影響を与えかねない大きな課題であるために、子どもの最善の利益を考慮した長期的な視点を持った支援が必要とされる。

　また、経済的困窮と直結する問題である就労に関する困難を抱えるケースも多い。母子世帯等調査によると、母子世帯の約81%、父子世帯の約91%が就労しており、就労母子世帯のうち、「正規の職員・従業員」は39%、「パート・アルバイト等」は47%である。なお、就労父子世帯のうち、「正規の職員・従業員」は67%、「パート・アルバイト等」は8%となっている。より安定した生活を求め

て正規雇用を希望する母親は多いものの、子育てとフルタイムの仕事の両立の難しさや、就業経験の不足、就職に有利な資格やスキルを有していないこと、正規雇用として採用する企業等の少なさなどの理由によりパートやアルバイトとして働くケースが多い。父子世帯の場合は、母子世帯に比べると正規雇用率は高いものの、残業ができずに収入が減ったり、男性の育児に対する職場の理解が得られず退職に追い込まれたりするケース等もみられる。

また、子育てについての課題を抱えるひとり親家庭も少なくない。「子どものいる世帯の生活状況および保護者の就業に関する調査」によると、子どもと一緒に過ごす時間が「1時間未満」あるいは「全くない」という父子世帯は、19.0%となっており、ふたり親世帯に比べると特に父子世帯の保護者は、子どもと一緒に過ごす時間が短くなっている。また、保護者が子どもと一緒に夕食をとる回数も、ひとり親家庭は比較的少ない。「ほぼ毎日」子どもと一緒に夕食をとる保護者は、ふたり親世帯 80.3% に対し、母子世帯 62.5%、父子世帯 41.7% となっている。さらに、小学校以上の子どもを持つ世帯のうち、いずれかの子どもが不登校の経験を持っている（た）世帯の割合は、母子世帯 12.1%、父子世帯 5.6%、ふたり親世帯 3.8% となっており母子世帯が抱える子どもの不登校問題は特に深刻である。もちろん各世帯によって抱える悩みや課題は異なるが、ひとり親家庭の場合は、1人で多様な役割を果たすことが求められる上に、子育ての悩みを共有し、共に取り組んでいける家族が身近にいないケースも多いため、1人で問題を抱え込み、深刻化・長期化してしまう恐れもある。

ひとり親家庭と福祉制度・福祉サービス

ひとり親家庭が安定した生活を維持し、子どもたちが安心して健やかに成長していくためには、国や地方公共団体が中心となり、ひとり親家庭の多様なニーズを把握し反映させた政策を立案し、福祉制度やサービスを整備し提供していかねばならないだろう。

現在、ひとり親家庭に対する施策は「子育て・生活支援策」、「就業支援策」、「養育費の確保策」、「経済支援策」の4本柱により推進されている。

子育て・生活支援策としては、母子家庭等日常生活支援事業、子育て短期支援事業、ひとり親家庭生活支援事業、住居の安定確保、施設等による支援が行われている。また、ひとり親家庭の児童が保育所に入所する際の選考に当たっては、就職や求職活動、職業訓練が行えるようにするため、入所の必要性が高いものとして優先的に取り扱われる。就業支援策としては、就業支援（母子家庭等就業・

自立支援事業、マザーズハローワークの設置、母子自立支援員の配置、母子自立支援プログラム策定事業)、職業訓練事業などが行われている。また、養育費の確保策としては、母子家庭等就業・自立支援センターへの養育費相談員の配置、養育費相談支援センターの設置などが挙げられる。最後に、経済的支援策としては、遺族基礎年金・遺族厚生年金、児童扶養手当制度、母子福祉資金・寡婦福祉資金の貸付制度、税制上の優遇などが挙げられる。

ひとり親家庭と保育ソーシャルワーク

母子世帯等調査によると、小学校入学前児童の保育状況は、母子世帯は保育所が61.7%、母17.3%、幼稚園9.9%等であり、父子世帯は、保育所67.6%、家族11.3%、幼稚園8.5%等であった。ともに、保育所の割合が最も高くなっており、就学前の子どもを持つひとり親にとって保育所などの保育施設は、生活を守るために欠かすことができない社会資源と位置づけられているといえる。

ひとり親家庭は、経済的問題や就労の問題、子育ての悩み、親の心身の健康問題など多様かつ複合的な課題を抱えるケースも多く、包括的な支援が必要とされる。保育所は、地域において最も身近な児童福祉施設であり、子どもに対するケアワーク(養護と教育)をその基盤とした、保育所利用児童の保護者への支援及び地域の子育て家庭への支援の役割が期待されている。その求めに応えるためには、ひとり親家庭が個々に抱える問題・課題の解決をめざしてケースワーク及びグループワークの技法を用いた支援が展開されなければならない。さらに、ひとり親家庭の問題を地域全体の課題と捉えコミュニティワークの技術を用いて、取り組んでいくことも求められる。また、保育施設だけでは、ひとり親家庭の持つすべてのニーズに応じることは困難であるので、地域の関係機関等との連携・協働をはかり包括的に課題に取り組んでいかねばならない。これらを実践するためには保育の専門性とソーシャルワークの専門性を併せ持つ専門職の配置が必要だろう。保育所の職員配置基準で考えると保育士がその役割を担うことが期待されるが果たしてそれが妥当なのか、保育ソーシャルワークの教育を受けた専門職を配置すべきか、またコーディネートやマネジメントの実施主体に関する問題など、今後検討を重ねていかなければならない課題は多い。

参 考 文 献

浅井春夫・湯澤直美・松本伊智朗編『子どもの貧困』明石書店、2008年。

伊藤良高・永野典詞・中谷彪編『保育ソーシャルワークのフロンティア』晃洋書房、

2011年。
井村圭壯・相沢譲治編『総合福祉の基本体系』勁草書房、2013年。
鶴宏史『保育ソーシャルワーク論——社会福祉専門職としてのアイデンティティ——』
　　あいり出版、2009年。

◀コラム7

児童虐待と保育ソーシャルワーク

児童虐待の現状

　厚生労働省の報告では、平成24年度に全国児童相談所へ寄せられた児童虐待に関する相談の対応件数は66,701件、この数値は、児童虐待の防止等に関する法律（以下、「児童虐待防止法」とする）が施行される前の平成11年度に比べて5.7倍に増加している。更に、同年度の虐待状況の詳細を確認していくと、虐待相談の内容別では、身体的虐待が35.8％で最も多く、心理的虐待（ＤＶ：ドメスティックバイオレンスの目視を含む）33.6％、ネグレクト（育児放棄）28.9％、性的虐待2.2％であった。虐待を受けている被虐待児の年齢について、3歳から学齢前児童が24.7％、0歳から3歳未満が18.8％と、小学校入学前の子どもが43.5％を占めている。主たる虐待者（虐待をしている者）は、実母が57.3％、実父が29.0％であった。こうした報告から考えても、小学校入学前の子どもと保護者に関わる機会が多い保育現場や子育て支援現場での児童虐待への早期発見と早期対応は有効であり、かつ、期待されているのである。

保育現場と子育て支援現場の役割

　小学校入学前の子どもと保護者に関わることの多い保育現場や子育て支援現場は、児童虐待の疑いを発見しやすい場所であることは、すぐに想像できるが、保育現場や子育て支援現場の目的や役割は、児童虐待の有無の確認と判断が中心ではなく、第1に「子どもの育ちの保障」が挙げられる。子どもと保護者との信頼関係を構築し、その関係を保ちながら子どもの健やかな成長を促し、また、子どもの経験や成長を共感して、保護者と子育てを協働していくことが重要な役割である。そして、日々の関わりの中で築かれた信頼関係の下で、子どもや家庭からのサイン（異変・兆し）に気付くことが大事な役割である。

　「サイン」は子ども自身や保護者から直に発せられることもあれば、子どもや保護者の普段とは違う様子から、保育者自身が気付くこともあるだろう。これらを、保育者がしっかりと受け止めて、次の支援や次のステップへとつないでいく、これこそが、保育現場や子育て支援現場の役割である。「サイン」への気づきが早ければ早いほど、現場内で対処できないような重篤なケースに陥ることを防ぎ、時には児童虐待そのものを防ぐことにもなる。

児童虐待の発見から対応の障壁

児童福祉法第25条では、児童虐待が疑われると思われる児童を発見した時は、市町村や児童相談所へ通告しなければならない、「通告義務」が明記されている。これは、保育現場や子育て支援現場においても、通告義務は存在するのだが、常に子どもや保護者との信頼関係を大事にしている保育現場や子育て支援現場にとって、通告する事で生じる児童相談所等の調査・介入や子どもの一時保護という形の親子分離を想定し、通告そのものに躊躇してしまうこともある。つまり、保育者と子ども・保育者と保護者との信頼関係が、次の支援や次のステップの障壁になってしまうのである。また、園全体などの組織で「まだ通告すべき段階ではない」と判断し、「しばらく様子を見てから」と通告せずに様子を見ることもある。後々、こうしたケースが、重篤なケースとなり、「もっと早くに通告しておけば良かった」となることもある。もちろん、現場内の対応のみで重篤ケースに陥らないで済むケースもあるのだが、「通告」は、支援が必要な子どもと家庭への「支援の幅」を広げる過程であり、支援が必要な子どもと家庭にとって必要であることを、今ここで再認識しておきたい。

児童虐待の発見と対応の実際

児童虐待を疑うような「サイン」には、どのようなものが考えられるか。厚生労働省雇用均等・児童家庭局では、平成11年3月に「子ども虐待対応の手引」（平成25年8月最新版に改正）を作成している。また、最近では、各地方自治体などが、この「子ども虐待対応の手引」等を基に児童虐待の「チェックリスト」「チェックシート」といった、児童虐待を疑われる項目が複数記載されているチェック表を作成しているので、児童虐待発見の目安として手元に置いておきたい。こうしたものを参考にすることで、児童虐待の「サイン」をみつけることができるが、ここで注意したいのは、決してチェック項目だけに頼らないことである。チェックがついた時点で、児童虐待を疑われる可能性は十分にある。しかし、それは、単発的なものか、継続的なものか、頻繁に起きているか、その他の要因も伴い複合的に起きているか、すぐに子どもの命に関わることか等、チェック項目にはない状況も踏まえた総合的で丁寧な考察が必要である。そして、現場組織内で十分に検討した後、対応していくのである。できれば事前に市町村や管轄の児童相談所等が、どの段階で相談・通告に応じているのか、また、その後の対応についても確認しておきたい。

保育現場や子育て支援現場が「子どもと家庭にとって身近な場所」という特性

からも、現場に持ち込まれる子どもと家庭に関する問題や課題は「児童虐待」だけではない。保護者や保健センター等からの子どもの発達についての問題であったり、子どもを通して、あるいは保護者の話から見え隠れする家庭の問題であったり、近年では、保育者と保護者、保護者同士のコミュニケーション等が課題になることもある。こうした様々な事柄が、児童虐待の発見と対応にもつながっていく可能性は十分にあり、逆に児童虐待のサインから他の問題や課題を発見することもある。保育者は児童虐待に発展する前段階の時点で気づいた時には、虐待予防的な対応や支援をしたり、児童虐待等の問題から脱した親子の対応や支援をしたりすることもある。

児童虐待の発見や対応に欠かせないものは、現場組織内のチームワークと他機関との連携である。まず、組織内での役割分担を明確にしておく必要がある。保育園や幼稚園であれば、園長の役割、主任の役割、クラス担任の役割、その他の職種の役割といったものである。また、他機関との連携では、現場組織内ができる部分と、できない部分を組織内で確認しあった上で、できない部分については、どこの機関に支援をつなげていくのか、それぞれの機関は、どの部分のどこからどこまでを対応しているのかを、ある程度、整理しておきたい。

児童虐待と保育ソーシャルワーク

これまで、児童虐待の現状をはじめ、保育現場や子育て支援現場における、児童虐待の発見や対応についての現状と課題を述べてきた。記述してきた内容の中には、まさに「ソーシャルワーク」そのものの内容を表現していると感じられる部分もあるかもしれないが、今回、あえて「ソーシャルワーク」という言葉を出してこなかった。ソーシャルワークのような活動は、すでに保育現場や子育て支援現場の保育者が、多少なりとも実践してきているからである。ただ、残念なことに、それらの実践活動が保育者の中心的業務である「保育」、ケアワークに重点が置かれ、今まで、ほとんど理論化やシステム化されてこなかった。それゆえに、うまく機能してこなかったことも多い。もちろん、保育というケアワークの土台の上にソーシャルワークはあると考えられる。子どもや家庭の環境をはじめとする社会環境が変化し、子ども家庭の中には、児童虐待をはじめ重篤な問題や課題を抱えるケースも増えていることから、早急に保育ソーシャルワークの理論化とシステム化を推し進めていく必要がある。

参 考 文 献

厚生労働省ホームページ　http://www.mhlw.go.jp/

子ども虐待対応の手引(平成25年8月改正版)厚生労働省雇用均等・児童家庭局総務課。

■コラム8
社会福祉の視点からの保育ソーシャルワーク
日本における社会福祉理論ならびに保育ソーシャルワーク理論の研究動向

　社会福祉の視点から保育ソーシャルワークを捉えようとする場合、2つの論点を見出すことができる。その2つの論点とは、「社会福祉」をどのように捉えるのか、そして「保育ソーシャルワーク」をどのように捉えるのかということである。

　しかしながら、いずれにおいても、その統一的見解が今日までに確立しているわけではなく、研究者の立場によって、その捉え方に相違があるのが現状である。保育ソーシャルワーク理論と実践をめぐっては、伊藤良高らが保育ソーシャルワークの概念をはじめとして保育ソーシャルワークの対象や主体の設定を行うことを今後の課題として提起している[1]。一方、社会福祉についてもこれまでにも数多くの理論研究者が科学的に社会福祉の本質を解明しようとする試みがなされてきた歴史がある。

　特に、今日までの社会福祉理論の整理については、日本の社会福祉の概念規定を試みた様々な研究者の諸説を分析し、その理論類型を提示した古川孝順が有名である。古川は、「社会福祉研究の本格的展開は第二次世界大戦以後に属するが、その主要な潮流はおおむね①政策論、②生存権保障論、③歴史論、④技術論、⑤固有論、⑥運動論、⑦経営論、⑧多元統合論として整理できる[2]」としている。また、今日の社会福祉理論研究において1950年代〜1960年代前半に特に影響を持った理論類型が①政策論、②生存権保障論、③歴史論、④技術論、⑤固有論であり、1960年代後半〜1970年代にかけて影響を及ぼしたのが⑥運動論、1980年代以降大きな役割を果たしてきたのが⑦経営論、1990年代以降になると先行的研究を再整理、統合する試みが出現してきたと指摘する[3]。

　繰り返しになるが、社会福祉も保育ソーシャルワークもその統一的見解は確立していない。しかしながら、保育ソーシャルワークをいくつかの社会福祉の視点から捉えるためには、一旦、保育ソーシャルワークの概念を提示する必要がある。

　そこで、本コラムでは伊藤らが提示している保育ソーシャルワークの考え方に則り、日本の社会福祉理論の発展に大きく影響したとされる孝橋正一に代表される政策論と岡村重夫に代表される固有論による社会福祉の理論を取り上げながら、それぞれ保育ソーシャルワークがどのように位置づけられるか考えていきたい[4]。

政策論的視点で捉えた保育ソーシャルワーク

孝橋は社会福祉を社会事業という用語で表現し、自身の定義を「社会事業とは、資本主義制度の構造的必然の所産である社会的問題に向けられた合目的・補充的な公・私の社会的方策施設の総称であって、その本質の現象的表現は、労働者＝国民大衆における社会的必要の欠乏（社会的障害）状態に対応する精神的・物質的な救済、保護及び福祉の増進を、一定の社会的手段通じて、組織的に行うところに存する」と規定している。また、資本主義体制によって必然的に生み出される賃金労働者をめぐる社会的諸問題を社会における基礎的・本質的課題である社会問題とそこから関係、派生的に生じる社会的課題としての社会的問題に分類し、社会問題には国家の政策としての社会政策が、社会的問題には公私の施策である社会福祉が対応するという考えを示している。また、社会政策と社会福祉における関係についても規定しており、それは単なる並列的関係ではなく、社会政策の補充的、代替的役割を果たす役割を担わされるのが社会福祉であると主張する。さらに、個人にふりかかる多様な生活問題は決して個人の努力や能力、責任によって規定されるものではなく、現代社会の構造的なしくみによって必然的に発生した賃金労働者の労働問題（社会問題）から関係派生した多様な生活問題に対する最終的で最低限の政策が社会福祉であり、「技術の総体」が社会福祉の本質を形成するのではなく、あくまで施策の内容に社会福祉の本質を見出すことができる。

よって、孝橋理論の立場でみれば、子どもと保護者の生活課題を解消し、幸福を実現するための「技術の総体」としての保育ソーシャルワークは当然にして社会福祉の本質形成にはつながらず、ましてや社会福祉の一環を構成するとも言えない。保育ソーシャルワークはあくまで、生活課題を抱える子どもや保護者の生活問題解決に向けて社会福祉が合理的、機能的に効果を発揮するために用いられる方法や手段の１つとしての見方が可能となる。

固有論的視点で捉えた保育ソーシャルワーク

孝橋に対し、岡村は自身の著書『社会福祉原論』の中で社会福祉には「法律による社会福祉」と法律によらない「民間による自発的な社会福祉」２つの側面があることを提起している。また、後者の社会福祉活動の存在こそ社会福祉全体の自己改造の原動力として評価されなければならないと指摘している。また、社会福祉における概念規定を「全国民が生活者としての主体的関係の全体的統一性を保持しながら生活上の要求を充足できるように、生活関連施策を利用、改善する

ように援助するとともに、生活関連の各制度の関係者に個人の社会関係の全体性を理解させて、施策の変更、新設を援助する固有の共同的行為と制度」と捉え、「社会関係の不調和」をはじめ、「社会関係の欠損」、「社会制度の欠陥」３つの生活困難に介入し、個人が基本的な社会制度を主体的に利用できるように援助することを社会福祉の固有性として理解し、社会的要求と社会制度との社会関係を評価、調整、送致、開発、保護する機能が社会福祉にはあるとしている。さらに説明をくわえれば、社会生活の基本的要求を満たす制度が充実し、それら制度を利用者が問題なく主体的に活用できれば、円滑かつ安定的に日常生活を営むことができるが、誰しもがそうとは限らず、制度と利用者の間の調整技術が求められるという考え方である[10]。

よって、保育ソーシャルワークが、子ども及び保護者の幸福の実現を目指し、生活課題を抱える対象者の問題解決を図るためのソーシャルワークの知識技術・技能を応用した一連の援助とみなすのであれば、この岡村の捉える社会福祉に基づけば、それ自体がまさに社会福祉の本質形成に迫るものであると考えられる。

注
1) 伊藤良高・香﨑智郁代・永野典詞・三好明夫・宮﨑由紀子「保育現場に親和性のある保育ソーシャルワークの理論と実践モデルに関する一考察」『熊本学園大学論集　総合科学』第19巻第1号、2012年、3-4頁。
2) 福祉士養成講座編集委員会編『新版社会福祉士養成講座1　社会福祉原論第4版』中央法規出版、2006年、15頁。
3) 同上。
4) 伊藤らは、伊藤・香﨑・永野・三好・宮﨑前掲論文の中で、保育ソーシャルワークを一旦、「保育に関するソーシャルワーク」、「保育を対象とするソーシャルワーク」と定義している。直接的には、その対象である乳幼児の幸福の実現を目指すものであるが、家族・家庭の幸福の実現がその必要条件となり、保育ソーシャルワークは子どもと保護者の幸福のトータルな保障に向けてそのフィールドとなる保育実践及び保護者支援にソーシャルワークの知識技術・技能を応用しようとするものであると説明している。ただし、ソーシャルワーク論の単なる適用ではなく、保育の原理や固有性を踏まえた独自の理論、実践として考究されていくことが望ましいと付け加えている。
5) 孝橋正一『全訂　社会事業の基本問題』ミネルヴァ書房、1962年、24-25頁。
6) 同上、39頁。
7) 同上、26頁。

8) 同上、26-27頁。
 9) 岡村重夫『社会福祉原論』全国社会福祉協議会、1983年、3 頁。
10) 福祉士養成講座編集委員会編前掲書、17頁。
11) 同上、60-61頁。

■コラム9
社会的養護と保育ソーシャルワーク
子どもの養育と社会的養護の現状

　子どもは1人の人間であり、人としての尊厳が保障されながら生活することが重要である。この理念をもとに子どもの生活を捉えた際、本来はすべての子どもが家庭において、その子どもの保護者や家族からの正しい愛情と知識・技術により育てられ、また子ども自らの育つ力も合わせて成長できるようにすることが求められる。一方で、環境や状況などの影響を受けて、子どもが適切に家庭で生活することができない状況が発生することがある。具体例の1つとして、日本の社会問題としても取り上げられる児童虐待問題がある。児童虐待件数は統計を取り始めた以来、年々増加の一途をたどり、平成28年度の全国の児童相談所における児童虐待の相談受理件数は12万2575件と12万件を超えることとなった[1]。また虐待内容も深刻化しており、場合によっては家庭で受けた虐待によって子どもが生命を落とすケースも発生している。子どもに対する虐待のほかにも、子どもが家庭における保護者からの適切な養育を受けられないケースとして、子どもや保護者に疾病や障がいのあるものや、昨今取り上げられる子育て家庭における貧困問題の発生などであり、これらの問題が発生した際には家庭の代替として子どもの生活を保障するシステムが必要となる。この家庭代替システムとして存在するものが社会的養護である。

　社会的養護は、保護者の適切な養育を受けられない子どもを、公的責任で社会的に保護・養育するとともに、養育に困難を抱える家庭への支援を行うものである。これについて国連児童の権利に関する条約第20条では「家庭環境を奪われた児童又は児童自身の最善の利益にかんがみその家庭環境にとどまることが認められない児童は、国が与える特別の保護及び援助を受ける権利を有する」と規定しており、国際的にもこれらの援助を必要とする子どもへの支援は、国などによる公的責任として行われるべきことが示されている。

　日本における社会的養護としての子どもに対する支援は、大別して児童福祉施設で行われるもの（施設養護）と、保護者に代わって家庭環境のなかで里親等が行うもの（家庭養護）がある。施設養護または家庭養護という子どもの生活と支援の場は異なるものの、1人1人の子どもの状況を踏まえて、適切な養育環境のなか、子どもの最善の利益を考慮して進められることが求められる。そうして個々の子どもにとっての適切な養育環境で子どもが生活することを通して、それまで子どもが受けてきた心身の傷などを修復し、施設内での支援や里親などの関

わりなどによって子どもが周囲から愛されていると感じるとともに、子どもの育ちが守られ、子ども自身が将来への希望を持つことのできる自立に向けた支援と生活保障をすることが重要である。

施設養護における支援と専門職

　社会的養護の枠組みで、保育者が規定されるのは施設養護である。この施設養護の実施について、国は児童福祉施設の運営に関する基準を定めている[2]。このなかで、乳児院、児童養護施設、障害児入所施設（福祉型・医療型）、児童発達支援センター（福祉型・医療型）、児童心理治療施設に保育士の配置を義務付けている。また保育士以外の専門職としては、例えば児童養護施設には基本的に、児童指導員、嘱託医、個別対応職員、家庭支援専門相談員、看護師を置かなければならないとされる。また、児童養護施設の機能および支援の必要性などにより、心理療法担当職員、里親支援専門相談員（里親支援ソーシャルワーカー）を配置することができる。このうち家庭支援専門相談員（ファミリーソーシャルワーカー）は、1999（平成11）年より配置された職種で、施設で生活する子どもが早期に家庭復帰することができるように、親子関係の再構築を図るために保護者に対して相談援助や子どもが家庭復帰した後の相談援助を行うことなどを担う職員とされる。また個別支援対応職員は、虐待を受けた子どもへの対応を充実させるため、虐待を受けた子どもで個別に対応が必要な場合に対応するとともに、虐待を行った保護者に対して援助等を担う職員とされる。ソーシャルワークの視点から児童福祉施設における支援を捉える際、家庭支援専門相談員や個別支援担当職員、里親支援専門相談員には、当然ソーシャルワークの専門的知識・技術を活用した支援実施や介入が求められる。

　一方で、施設で生活する子どもの生活とその支援を考えた際に、日々の関わりを通した日常生活支援（ケアワーク）を担う保育士にも、保育の視点からのソーシャルワーク（保育ソーシャルワーク）による支援を行うことが期待される。それは、施設保育士の役割は、単なる衣食住の提供を中心とした生命や生活に関する支援に留まることなく、日常生活のなかで個々の子どもに寄り添い、子どもの自立に向けた支援を視座として必要な方向性を捉え、関係者と連携して、子どもや家庭、周囲へ働きかけることが期待されるためである。

事例から考える施設における保育ソーシャルワーク

　ここである児童養護施設での支援記録を紹介したい[3]。この施設では、多様な背

景を抱えて施設で生活する子どもへの支援のなかで、子どもの生い立ちや生活歴についてのアセスメントを丁寧に行うなど、ソーシャルワークを意識して支援を行っている。このアセスメントをもとに、子どもの支援方針を作成する過程で、子どもに関わりながら子どもの気持ちに共感し、子どもの本当のニーズを把握すること、また子どもに共感することで子どもを受け止めたいとする職員の姿勢などに関する支援実践の事例が紹介されている。これらの子どもへの関わりは、子どものこれまでの人生の歩みを捉えるとともに今後の子どもの自立に向けた支援であるといえ、この支援の基盤に位置づくものこそが、社会的養護の特性を生かした保育ソーシャルワークの展開に通じるものであると考えられる。このように社会的養護の現場で保育ソーシャルワークによる支援を展開させることで、施設内の子どもの生活に対するケアワークにとどまらず、子どもの生活を主体化し、本人の意向を尊重しながら自立に向けた方向性を見据えて支援をすることに繋げることができることから、社会的養護の支援の質を高めるためにも有効な支援方法であると指摘することができる。

　社会的養護による支援を必要とする子どもは多様な背景や生活課題を抱えており、これらの個別的状況を配慮した子どもに対する支援や、時代に即した支援が必要である。このなかで社会的養護での支援を考える際、従来の保育士などによる施設内でのケアワークを超えて、子どもに寄り添い、今後の子どもの自立に向けた長期的・継続的視点を持った支援と一連性のある支援が必要である。このケアワークとソーシャルワークの両者を組み合わせた支援が、社会的養護での保育ソーシャルワークの果たすべき役割の1つであると考えられることから、今後は子どもの最善の利益の実現に向けた、社会的養護における保育ソーシャルワークのあり方と意義を捉えていくことが求められる。

注
1） 厚生労働省「平成28年度福祉行政報告例」。
2） 厚生労働省「児童福祉施設の設備及び運営に関する基準」2014年2月14日厚生労働省令一部改正。
3） 大江ひろみ・山辺朗子・石塚かおる編『子どものニーズをみつめる児童養護施設のあゆみ——つばさ園のジェネラリスト・ソーシャルワークに基づく支援——』ミネルヴァ書房、2013年、47-66頁。

索　引

〈ア　行〉

預かり保育　80
アセスメント　4，5，74，75
インクルーシブ保育　89，91
エコロジカル・パースペクティブ　5
NAEYC 倫理綱領　11，13-15
園風　156
OECD　64
OGSV　99，101
親子関係　47，48，50，51，54

〈カ　行〉

介護福祉士　110，111，118
カウンセリングマインド　149
家庭　46，49，52，53
環境の中の子ども　5
関係　44，47-49，51
給与　147，148
苦情解決　41
クライア（エ）ント　66，77，99-101，105-107
ケアマネジメント　102，103，105
ケアワーク　2，3
傾聴　69
言語的コミュニケーション　71
行動療法　95
合理的配慮　94
コーディネート　6
子育て支援　44，45，49，50-54，146，147，149，151
　　──総合コーディネーター　51
　　──ネットワーク　93
子ども・家庭支援センター　48，50
子ども・子育て関連3法　21，23
子ども・子育て支援　22
　　──新制度　58，118
　　──専門職　125
子どもの最善の利益　96
子どもの発達保障　79，80

子どもの貧困　133，134，136，141，143，171
　　──対策法　133
コンサルテーション　145，147

〈サ　行〉

支援者　46-54
児童相談所　135，142
児童発達支援センター　90
児童扶養手当　135，137，141
社会資源　4，6，68
社会福祉士　110，111，117
主訴　69，74，75
受容　69
准保育士　146
障がい児保育　88-90，92，95
障害者の権利に関する条約　91
神愛保育園　81
スーパーバイザー　100，106
スーパーバイジー　100，101
スーパービジョン　99-102，106，107
スクールカウンセラー　127
スクールソーシャルワーカー　117，127，139，140
生活の全体性　4
生活保護制度　135，140
精神保健福祉士　110，111
全国保育士会倫理綱領　11-14，19，61，62
全米乳幼児教育協会　61，63
全米 PTA 協会　60
専門職の価値　11-13，15，17-19
専門職の倫理　11-13，15，19
相談援助　114
ソーシャルワーカーの倫理綱領　19
ソーシャルワーク　2，3，44，45，48，52，53，99-101，105
　　──機能　158

〈タ　行〉

地域　45，49，50，52-54

──の子育て家庭支援　80, 85
通告義務　176
特別支援教育　91
閉じられた質問　72

〈ナ　行〉

日本社会福祉士会の倫理綱領　11-15, 19
日本保育ソーシャルワーク学会　125
乳幼児期の子どもの権利　134
認定こども園　56, 58
ネットワーク　5, 8

〈ハ　行〉

バイスティックの7原則　70
発達　44, 45, 54
PDCAサイクル　39-41
非言語的コミュニケーション　72
ヒヤリ・ハット報告書　36
ヒューマンエラー　36
開かれた質問　72
平野婦美子　83, 85
福祉マインド　84-86
二葉保育園新宿分園　81
不登校　170
ヘックマン　57
ベビーホテル問題　82
保育　44-50, 52-54
　　──カウンセラー　149-151
　　──カウンセリング　145-149, 151, 152
　　──教諭　30, 32
　　──経営　28, 29
保育者の専門性　161
保育所等訪問支援　90
保育所保育指針　27, 31, 99, 102, 105, 112, 115, 117
　　──解説書　115, 117
保育スーパービジョン　31, 99, 100, 106, 107, 154
保育制度　25, 27
保育相談支援　114
保育ソーシャルワーカー　30, 121
　　──認定資格　125
　　──養成研修　126
保育ソーシャルワーク　25, 99, 103-105, 107, 145, 146, 158
　　──へのつなぎ　162
保育の質　147, 148
包括的な支援　173
保護者支援　158
保護者の就労等の支援　80
母子自立支援員　137

〈ヤ　行〉

幼稚園教育要領　27
要保護児童対策地域協議会　136, 142
幼保連携型認定こども園教育・保育要領　119
4年制保育士資格　30

〈ラ　行〉

ラポール　68, 69
リスク　33, 34, 39
　　──評価　39
　　──マネージャー　38, 41
　　──マネジメント　33, 36
　　──要因　36
倫理
　　──綱領　11, 12, 19
　　──責任　13-18
　　──的ジレンマ　11, 12, 15-17, 19
　　──問題　16, 19
連携　5, 6
労働条件　147, 148

《執筆者紹介》（執筆順、＊は編集委員）

＊伊藤良高	熊本学園大学社会福祉学部教授	はしがき、第3章、第12章
山本佳代子	西南学院大学人間科学部准教授	第1章
＊鶴　宏史	武庫川女子大学文学部准教授	第2章
前田佳代子	元聖和短期大学保育科准教授	第4章
千葉千恵美	高崎健康福祉大学人間発達学部教授	第5章
北野幸子	神戸大学大学院人間発達環境学研究科准教授	第6章
小口将典	関西福祉科学大学社会福祉学部准教授	第7章
塩野谷斉	鳥取大学地域学部教授	第8章
＊永野典詞	九州ルーテル学院大学人文学部教授	第9章、第12章
＊若宮邦彦	南九州大学人間発達学部准教授	第10章
丸目満弓	大阪城南女子短期大学総合保育学科講師	第11章
宮﨑由紀子	大原保育医療福祉専門学校熊本校講師	第12章
香﨑智郁代	九州ルーテル学院大学人文学部准教授	第12章
桐原　誠	湯出光明童園家庭支援専門相談員	第12章
田添ゆかり	TAZOE行政書士事務所行政書士	第12章
中村強士	日本福祉大学社会福祉学部准教授	第13章
原田明美	桜花学園大学保育学部教授	第13章
坂野早奈美	自治体職員	第13章
下坂　剛	四国大学生活科学部准教授	第14章
伊藤美佳子	桜山保育園長	コラム1
進藤珠里	元東北福祉大学総合福祉学部講師	コラム2
仲田勝美	岡崎女子短期大学幼児教育学科准教授	コラム3
金子　幸	南九州大学人間発達学部講師	コラム4
三好明夫	京都ノートルダム女子大学現代人間学部教授	コラム5
赤瀬川修	鹿児島女子短期大学児童教育学科講師	コラム6
灰谷和代	皇學館大学現代日本社会学部助教	コラム7
竹下　徹	尚絅大学短期大学部幼児教育学科准教授	コラム8
吉田祐一郎	四天王寺大学教育学部講師	コラム9

日本保育ソーシャルワーク学会

2013年11月30日創立。本学会は、「保育ソーシャルワークの発展を期し、保育ソーシャルワークに関する研究及び交流を図り、もって、子どもと家庭の幸福の実現に資する」（会則第3条）ことを目的としている。

刊行物　『保育ソーシャルワーカーのおしごとガイドブック』（風鳴舎、2017）
　　　　『保育ソーシャルワーク学研究叢書（全3巻）』（晃洋書房、2018）、他

連絡先　E-mail（学会事務局）：jarccsw@gmail.com

改訂版
保育ソーシャルワークの世界
――理論と実践――

| 2014年11月20日　初版第1刷発行 | ＊定価はカバーに |
| 2018年7月20日　改訂版第1刷発行 | 表示してあります |

編　者　　日本保育ソーシャル
　　　　　ワーク学会Ⓒ

（編者の了解により検印省略）

発行者　　植　田　　実
印刷者　　河　野　俊一郎

発行所　株式会社　晃　洋　書　房
〒615-0026　京都市右京区西院北矢掛町7番地
電話　075(312)0788番(代)
振替口座　01040-6-32280

装丁　クリエイティブ・コンセプト　印刷・製本　西濃印刷㈱
ISBN 978-4-7710-3085-5

JCOPY 〈㈳出版者著作権管理機構　委託出版物〉
本書の無断複写は著作権法上での例外を除き禁じられています．複写される場合は，そのつど事前に，㈳出版者著作権管理機構（電話 03-3513-6969, FAX 03-3513-6979, e-mail:info@jcopy.or.jp）の許諾を得てください．

伊藤良高 編集代表
2018年版 ポケット教育小六法
新書判 340頁
本体 1,300円（税別）

伊藤良高・永野典詞・大津尚志・中谷彪 編
子ども・若者政策のフロンティア
Ａ５判 126頁
本体 1,300円（税別）

伊藤良高・永野典詞・中谷彪 編
保育ソーシャルワークのフロンティア
Ａ５判 128頁
本体 1,300円（税別）

伊藤良高・宮﨑由紀子・香﨑智郁代・橋本一雄 編
保育・幼児教育のフロンティア
Ａ５判 176頁
本体 1,800円（税別）

伊藤良高・伊藤美佳子 編
乳児保育のフロンティア
Ａ５判 120頁
本体 1,300円（税別）

伊藤良高・永野典嗣・三好明夫・下坂剛 編
新版 子ども家庭福祉のフロンティア
Ａ５判 116頁
本体 1,300円（税別）

西尾祐吾 監修
保育実践を深める相談援助・相談支援
Ｂ５判 282頁
本体 2,800円（税別）

西尾祐吾 監修
第３版 子ども家庭福祉論
Ａ５判 208頁
本体 2,200円（税別）

伊藤良高・伊藤美佳子 著
新版 子どもの幸せと親の幸せ
──未来を紡ぐ保育・子育てのエッセンス──
Ａ５判 176頁
本体 1,800円（税別）

伊藤良高 編著
第２版 教育と福祉の課題
Ａ５判 248頁
本体 2,600円（税別）

杉本敏夫 監修／家髙将明 編著
現代ソーシャルワーク論
──社会福祉の理論と実践をつなぐ──
Ａ５判 174頁
本体 2,000円（税別）

晃洋書房